Tongshi Jichu Fuyun Lilun ji Shuzhi Fenxi Jishu

桶式基础浮运理论及数值分析技术

马广东 张翠雅 李武 史宪莹 著

中国·武汉

内容简介

本书系统介绍了桶式基础防波堤结构浮运理论和钢质桶式基础结构数值分析的实验研究成果，对桶式基础结构开发过程和在水运工程上应用的关键技术提供了理论支撑。同时，本书向世界水运行业工程建设者和学者介绍中国先进技术、优秀方案，推动世界水运工程建设技术水平的发展。

全书共7章。第1章绪论，介绍桶式基础结构的特点和意义、设计与施工中存在的问题、国内外研究现状和发展趋势，以及本书的主要内容和结构；第2章桶式基础防波堤结构浮运理论与试验；第3章钢质桶式基础结构有限元分析；第4章钢质桶体屈曲分析；第5章加筋桶数值模拟；第6章组合桶式基础数值模拟；第7章结论与建议。

本书较为系统地介绍了桶式基础结构的应用，可供水运工程领域港航专业技术人员和科研人员参考，也可供高等院校相关专业的师生参考。

图书在版编目(CIP)数据

桶式基础浮运理论及数值分析技术/马广东等著．—武汉：华中科技大学出版社，2023.5
ISBN 978-7-5680-9374-3

Ⅰ．①桶⋯ Ⅱ．①马⋯ Ⅲ．①航道工程-工程结构-研究 Ⅳ．①U612.3

中国国家版本馆CIP数据核字(2023)第058018号

桶式基础浮运理论及数值分析技术 马广东 张翠雅 李 武 史宪莹 著
Tongshi Jichu Fuyun Lilun ji Shuzhi Fenxi Jishu

策划编辑：万亚军	
责任编辑：刘 飞	
封面设计：原色设计	
责任监印：周治超	
出版发行：华中科技大学出版社(中国·武汉)	电话：(027)81321913
武汉市东湖新技术开发区华工科技园	邮编：430223
录　　排：华中科技大学惠友文印中心	
印　　刷：武汉科源印刷设计有限公司	
开　　本：710mm×1000mm　1/16	
印　　张：9.5　插页:2	
字　　数：200千字	
版　　次：2023年5月第1版第1次印刷	
定　　价：68.00元	

本书若有印装质量问题，请向出版社营销中心调换
全国免费服务热线：400-6679-118　竭诚为您服务
版权所有　侵权必究

前　　言

我国拥有约 6500 km 的淤泥质海岸线，其间建有许多大型港口，如天津港、连云港港，以及珠三角、长三角的一些港口，在国民经济发展中占有举足轻重的地位。淤泥质海域软土深厚，波浪条件恶劣，是港口防波堤、护岸等工程建设面临的不利因素。目前，在软土地基上修建的防波堤主要采用抛石填筑的方法，形成的斜坡堤造价高昂、结构断面大、占用海域多、施工周期长，造成巨大的经济和资源投入。尤其是砂石料开采、运输和抛填过程对环境造成污染，不符合现代绿色港口建设的要求，急需开发新的筑堤技术。

大连海洋大学依托国家重点工程——连云港港徐圩港区防波堤建设工程，历经 9 年联合攻关，摒弃传统抛石筑堤思想，发明了一种适合淤泥质海域防波堤和护岸使用的多隔舱桶式基础结构，对钢质桶式基础结构数值分析理论和桶式基础防波堤结构浮运理论进行了大量试验研究，试验成果对桶式基础结构开发过程和在水运工程上应用的关键技术提供了理论支撑。本书有利于推广应用桶式基础结构，提高桶式基础结构研究成果转化率，展示中国水运行业建设的高端技术。同时，本书也向世界水运行业工程建设者和学者介绍了中国先进技术、优秀方案，推动了世界水运工程建设技术水平的发展。

全书共 7 章。第 1 章绪论，介绍桶式基础结构的特点和意义、设计与施工中存在的问题、国内外研究现状和发展趋势，以及本书的主要内容和结构；第 2 章桶式基础防波堤结构浮运理论与试验；第 3 章钢质桶式基础结构有限元分析；第 4 章钢质桶体屈曲分析；第 5 章加筋桶数值模拟；第 6 章组合桶式基础数值模拟；第 7 章结论与建议。

本书由马广东、张翠雅、李武和史宪莹撰写，具体分工如下：第 1 章由李武撰写；第 2、3 章由马广东撰写；第 4、5、6 章由张翠雅撰写；第 7 章由史宪莹撰写；全书由李武统稿。

在本书撰写过程中，中交第三航务工程勘察设计院有限公司、大连海洋大学、东德学业（大连）职业信息咨询有限公司等单位给予了大力支持，在此表示感谢。

由于作者水平有限，疏漏之处在所难免，望读者批评指正。

作　　者
2023 年 1 月

目　　录

第1章　绪论 ……………………………………………………………………（1）
　1.1　背景 ………………………………………………………………………（1）
　1.2　桶式基础结构研究现状 …………………………………………………（3）
　1.3　本书主要内容 ……………………………………………………………（4）
　　1.3.1　桶式基础结构特点与适用范围 ……………………………………（4）
　　1.3.2　桶式基础防波堤结构浮运理论研究与试验 ………………………（6）
　　1.3.3　钢质桶式基础结构数值分析研究 …………………………………（6）

第2章　桶式基础防波堤结构浮运理论与试验 ……………………………（9）
　2.1　试验背景 …………………………………………………………………（9）
　2.2　依据资料 …………………………………………………………………（9）
　　2.2.1　试验遵循的标准 ……………………………………………………（9）
　　2.2.2　试验工况 ……………………………………………………………（9）
　2.3　桶式基础结构尺寸及沉放吊缆布置 ……………………………………（10）
　　2.3.1　试验内容 ……………………………………………………………（11）
　　2.3.2　试验设备和试验方法 ………………………………………………（12）
　2.4　试验结果 …………………………………………………………………（17）
　　2.4.1　桶式基础结构浮游稳定性验证试验结果 …………………………（18）
　　2.4.2　桶式基础结构沉放稳定性试验结果 ………………………………（33）
　2.5　桶式基础结构浮游稳定性计算公式 ……………………………………（55）
　　2.5.1　桶式基础结构浮游稳定性理论基础 ………………………………（55）
　　2.5.2　桶式基础结构浮游稳定性计算算例 ………………………………（58）

第3章　钢质桶式基础结构有限元分析 ……………………………………（60）
　3.1　有限元法 …………………………………………………………………（60）
　　3.1.1　有限元法简介 ………………………………………………………（60）
　　3.1.2　计算模型的非线性 …………………………………………………（60）
　　3.1.3　接触面理论及接触对定义的关键问题 ……………………………（62）
　3.2　有限元计算模型 …………………………………………………………（64）
　　3.2.1　桶体受力分析 ………………………………………………………（64）
　　3.2.2　桶体受力情况 ………………………………………………………（65）
　　3.2.3　桶体模型计算域及边界条件的设置 ………………………………（71）

3.2.4　地基土体与桶体结构接触面模拟 …………………………………（71）
　3.3　有限元计算分析 ………………………………………………………（72）
　3.4　主要结论 ………………………………………………………………（91）
第4章　钢质桶体屈曲分析 ……………………………………………………（92）
　4.1　钢质桶体圆柱壳屈曲研究临界应力理论分析 ………………………（92）
　　4.1.1　轴向屈曲临界应力计算方法 …………………………………（92）
　　4.1.2　内压作用下的屈曲临界应力计算方法 ………………………（93）
　4.2　基本荷载作用下钢桶屈曲特性 ………………………………………（94）
　　4.2.1　轴向压缩荷载作用 ……………………………………………（94）
　　4.2.2　围压荷载作用 …………………………………………………（97）
　4.3　主要结论 ………………………………………………………………（99）
第5章　加筋桶数值模拟 ……………………………………………………（100）
　5.1　加筋钢桶数值模拟方法 ………………………………………………（100）
　　5.1.1　单元的选择 ……………………………………………………（100）
　　5.1.2　网格的划分 ……………………………………………………（100）
　　5.1.3　荷载和边界条件 ………………………………………………（101）
　　5.1.4　静力分析 ………………………………………………………（102）
　　5.1.5　后屈曲分析 ……………………………………………………（103）
　5.2　纵向加筋数量的影响 …………………………………………………（107）
　5.3　环向加筋数量的影响 …………………………………………………（110）
　5.4　主要结论 ………………………………………………………………（112）
第6章　组合桶式基础数值模拟 ……………………………………………（113）
　6.1　组合桶式基础工程概况 ………………………………………………（113）
　6.2　组合桶式基础有限元模型的建立 ……………………………………（114）
　6.3　组合桶式基础受力分析 ………………………………………………（118）
　6.4　组合桶式基础变形分析 ………………………………………………（129）
　6.5　主要结论 ………………………………………………………………（135）
第7章　结论与建议 …………………………………………………………（137）
　7.1　桶式基础结构浮游稳定性试验结论与建议 …………………………（137）
　7.2　钢质桶式基础结构有限元分析结论与建议 …………………………（139）
参考文献 ………………………………………………………………………（141）

第1章 绪　　论

1.1 背　　景

我国从北到南广泛分布着淤泥质海岸,总长约6500 km,约占大陆海岸线长度的三分之一。上海、天津、连云港、舟山、温州、厦门、深圳、珠海等地区的海岸水深5～20 m,海床表层淤泥厚度10～30 m,淤泥具有高含水率、高孔隙比、高压缩性和超低强度等特点。该类地区的防波堤、护岸如果采用传统的砂石斜坡堤结构,无论是爆破挤淤换填块石方案还是地基排水固结后的抛石筑堤方案,都因淤泥土层厚度和水深的增加,使结构断面随之加大,导致工程量巨大、工期长、建造成本高、占用海域面积多、大量消耗砂石料资源,对生态环境影响显著,在建设成本、工期、绿色环保等诸多方面无法适应绿色水运、平安水运的要求,更不符合"创新、协调、绿色、开放、共享"的发展理念。随着人们对"绿水青山就是金山银山"的深入理解,开山采石带来的生态破坏和环境污染问题越来越引起社会关注,因此,在淤泥质海域港口及近海建筑物建设中,急需摒弃传统的资源消耗型建造方式,贯彻创新、绿色的发展理念,提出经济合理、环境友好的工程建设方案。

为补齐淤泥质海域港区基础设施建设技术短板,从2010年起,中交第三航务工程勘察设计院有限公司、水利部交通运输部国家能源局南京水利科学研究院、连云港港30万吨级航道建设指挥部和中交第三航务工程局有限公司等单位成立联合攻关团队,针对淤泥质海岸港口及近海基础设施建设中的共同技术难点开展创新性研究,提出了适应淤泥质海域的桶式基础结构(见图1-1)。该结构是一种倒扣插入水下淤泥中的桶形多隔舱结构,由桶壁、隔板和盖板组成,具有可工厂化预制、现场安装、质量好、建造速度快、造价低、不需大量砂石料、不需地基加固、占用海域面积小、污染小等优点,与传统防波堤及护岸建设方案相比较具有明显的技术、经济优势,根本性地改变了过度消耗自然资源的传统粗放建造方式。

针对连云港港徐圩港区防波堤工程地处外海无掩护海域、远离陆地岸线(见图1-2),工程区域表层覆盖深厚淤泥质软土层,当地砂石料资源紧缺等实际情况,中交第三航务工程勘察设计院有限公司提出新型桶式基础防波堤结构方案,并于2011年6月在连云港港30万吨级航道第三次工程技术顾问和专家组会议上通过了专家评审,会议要求设计施工单位对桶式基础结构从可行、可实施的角度进一步开展有针对性的研究。

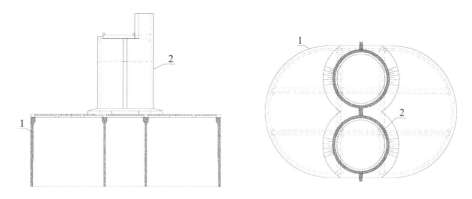

图 1-1 桶式基础结构

1—桶式基础；2—上部结构

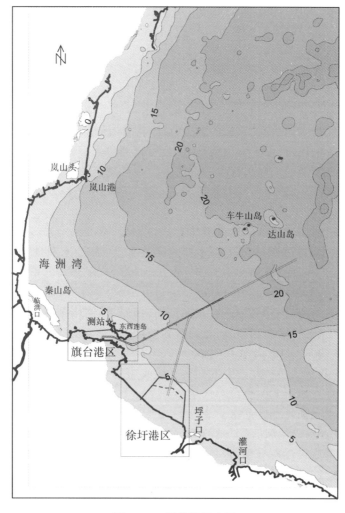

图 1-2 工程位置示意图

新型桶式基础结构与传统的沉箱结构不同，它是无底的，仅靠桶体本身排开的水体产生的浮力十分有限，且依靠本身浮力不能使桶体浮起。它的浮运稳定计算方式与沉箱结构完全不同。由于桶体体积庞大，又必须在深厚软土中缓慢下沉，采用大型起重船整体吊装费用比较昂贵，一般最经济的方式是采用气浮拖运、气浮定位、负压下沉工艺。其中，气浮拖运是桶体随半潜驳（船）沉入水中一定深度后向桶内充气，使结构漂浮于水面，再将其拖运至安装地点。由于桶式基础结构施工中的理论计算还不完善，如何保证桶式基础结构在沉放过程中的稳定与安全是桶式防波堤施工可行性的关键课题之一。中交第三航务工程勘察设计院有限公司委托大连海洋大学就新型桶式基础沉放稳定性和钢质桶式基础结构数值分析进行试验研究。

1.2 桶式基础结构研究现状

1994年7月，欧洲管网（Europipe）16/11-E大型导管架平台，在水深70 m的北海区域建成使用，标志着一种全新的基础平台形式——桶式基础的产生。与传统的海洋基础形式相比，桶式基础在节省建设成本、缩短施工时间、承受风浪荷载等方面具有较为显著的优点。自桶式基础成功应用以来，关于桶式基础的研究工作一直成为国内外学术领域和工程领域关注的焦点。围绕着桶式基础的承载特性、静力稳定性计算、负压沉贯和抗拔特性等领域，各国学者均进行了广泛的研究并取得了显著的成果。结合本书所研究的内容，以下对近年来国内外学者在桶式基础承载特性方面所取得的主要研究成果加以综述。

桶式基础是一种新型的基础形式，它与地基土体间复杂的相互作用使得此种基础的承载机理与破坏形态一直未有明确的界定。对于其承载特性的研究，国内外研究学者主要通过室内外模型试验、离心模型试验、解析方法和数值分析等展开。

桶式基础结构是依托连云港港徐圩港区防波堤工程提出的结构方案，其结构形式、工作机理、设计方法等内容都需要研究或建立。李武等人首先提出九个隔舱的桶式基础结构，并结合工程提出了桶式基础结构的室内整体稳定试验、数值模拟分析、离心模拟试验、构造及内力试验等要求。李绍武等人通过1:20的缩尺模型研究了桶式基础结构与地基土体间相互作用的破坏形式，发现桶式基础前端局部刺入土体带动附近土体下陷，后端上翘带动附近土体上膨，但两者变形量不相等，下陷量大于上膨量。蔡正银等人通过室内土体软化试验、离心模型试验及数值分析方法等，研究了与桶式基础结构相互作用土体的性质、桶式基础结构与土体间相互作用的特性，以及数值模拟定量分析，得出了桶式基础结构工作机理。贡金鑫等人通过室内试验研究了桶式基础结构构造和内力，得出桶式基础结构整体受力性质优良，局部加强可以采用传统倒角形式。李武等人结合桶式基础结构室内试验、离心模型试验、数值分析结果以及工程设计条件，提出了混凝土桶式基础结构主尺度设计原则、稳定验算方法、内力计算工况以及结构配筋等一套设计方法。

多隔舱桶式基础结构的施工工艺是该新型结构在工程应用中的最关键技术问题之一。马广东等人通过缩尺模型研究桶式基础结构水上浮运、拖航及下沉工艺,得出海上桶式基础结构运输工艺。桂劲松等人针对钢质桶式基础结构的特点,建立了钢质桶式基础结构有限元计算数值模型,对建模时的蒙皮、加强筋结构的边界条件等问题进行了处理,并与理论计算结果进行对比,验证了数值模型的有效性。

采用桶式基础结构建设的徐圩港区东防波堤和四号纳泥区围堤工程的竣工照片如图1-3所示。

(a) 建成的徐圩港区东防波堤

(b) 建成的徐圩港区四号纳泥区围堤

图1-3 桶式基础结构工程应用

1.3 本书主要内容

1.3.1 桶式基础结构特点与适用范围

1.3.1.1 桶式基础结构特点

桶式基础结构是无底多隔舱薄壁插入式结构。桶式基础为承载结构,上部为防泥沙挡波浪结构,主体一次性制作完成,重心高于浮心,通过多个隔舱调整浮游稳定性,实现水上气浮拖运到安装位置,采用负压+自重下沉,将桶式基础插入地基中,由桶壁底端、桶壁侧面承受摩擦力、支撑力、黏结力,盖板承受浮托力,与嵌固土体共同承受全部荷载,多种受力形式有机地结合,形成复合受力结构,受力示意图如图1-4所示。

桶式基础结构与传统的砂石料结构不同,将砂石"体积堆积"工艺改为装配式施工;原地面以上结构宽度与斜坡式结构相比,海域使用面积减小70%;桶式基础结构

图1-4 桶式基础结构受力示意图

为薄壁空腔结构,砂石材料用量只有斜坡结构的20%,减少了开山取石,保护了自然资源。桶式基础结构缩短了工程工期,降低了石料开采、运输、抛填能耗,以及机械设备、船舶和监测能耗。桶式基础结构在施工中不扰动地质,不破坏施工水域生态,采用负压静音下沉,对周边的养殖、渔业、生产运营无影响,同时避免了砂石料开采、运输的扬尘污染,是绿色环保的。采用这种结构可以实现工程建设和相邻区域的运营互不影响。

混凝土桶式基础结构自重大、浮运吃水深、空间刚度大、端阻力高及负压下沉工艺的特点,使结构施工完成预留沉降小。钢质桶式基础自重轻,可以模块化生产、现场拼装,可采用吊装工艺,省去半潜驳运输;桶壁薄,穿透土层性能优良,但是自重轻也减小了下沉力,对负压下沉力要求高,而桶壁薄容易发生平面外失稳或局部屈曲。混凝土和钢质桶式基础结构的特点如下:

(1)可以工厂化制作,水上施工工艺实现标准化,下沉不需要大型水上船机设备,靠自重和大气压力即可实施下沉施工,无噪声污染和环境污染等。

(2)在节省建设成本、缩短施工周期、节约石料资源、保护环境等方面都具有较为显著的优点,符合"资源节约型、环境友好型"工程建设的要求。

(3)在软土地基上的防波堤、驳岸、围堤、码头接岸结构等工程领域具有广阔的应用前景。

1.3.1.2　桶式基础结构的适用范围

桶式基础结构适用于淤泥质海岸的软土地基,地基土体成层分布,表层土强度较低,水深为 10~20 m。混凝土桶式基础结构作为导流堤、防波堤等工程持力层,可以选择在软土中使用;作为驳岸、围堤、人工岛、码头结构等工程持力层,应选择在强度高的土层中使用,一般选在表层软土下面的黏土、粉质黏土或粉砂层中。钢质桶式基础结构具有自重小、浮运吃水浅、空间刚度小、端阻力低等特点,适用于非岩土地基,且地基土体成层分布,土层贯入度一般小于 15 N,水深在 5 m 以上。钢质桶式基础结构作为导流堤、防波堤等工程持力层,可以选择在软土中采用;作为驳岸、围堤、人工岛等工程持力层,应选择在非淤泥的强度高的土层中使用;作为风电基础、码头结构等位移变化要求严格的工程持力层,除了选择强度高的土层外,泥面与基础盖板间还要灌浆处理,以保证结构和地基的整体性,达到增大空间刚度、减小位移的效果。分离桶式基础结构可以应用于浅水区的防波堤结构和护岸结构中,也可以在防波堤或护岸轴线转弯处局部应用,作为其他形式结构的衔接过渡结构。

1.3.2　桶式基础防波堤结构浮运理论研究与试验

本研究对新型桶式基础防波堤结构,采用 1∶30 的模型比尺进行了物理模型试验,测定上桶桶体居中、偏移 1.5 m、偏移 3.0 m、偏移 4.5 m 时,下桶桶体在不同吃水深度状态下新型桶式基础结构的浮游稳定性,通过分析研究浮游稳定状态下的数据,提出桶式基础结构浮运计算公式。

1.3.3　钢质桶式基础结构数值分析研究

本书应用有限元分析软件,对桶式基础下沉过程中的受力情况进行数值模拟,通过分析有限元计算结果,验证有限元模型的正确性,以及有限元方法在求解时的合理性与可靠性,阐述桶式基础结构在竖向荷载下的承载特性,并对桶体负压下沉时桶体的内力分布特性进行研究。

1.3.3.1　桶式基础构造

本书研究的桶式基础由 9 个直径为 6.0 m 的钢质圆桶通过方形钢板连接,平面尺寸为 19 m×19 m,高度为 17.0 m(含盖板厚度),整体桶内形成 13 个独立舱室;桶顶板位于海底标高 −8.0 m,桶底部进入粉砂土层。外圈的 8 个桶壁厚 14 mm,中心的 1 个桶壁厚 10 mm,盖板厚 14 mm;圆桶和盖板都进行构造加强,加强构件厚度为 10 mm。每个圆桶下部 3 m 采用 20 cm 高的 T 形钢进行竖向加强,共 45 处,加强间距 0.42 m;其余部分采用 20 cm 高的 L 形钢进行环向加强,加强间距 2.0 m;盖板采用 20 cm 高的 T 形钢进行加强,加强间距 0.5 m;盖板下方分布 6 个高 1.0 m 的 H 形钢梁,每个主梁贯穿 3 个小桶中心,盖板的加强肋与 3 个高 1.0 m 的主梁连接。桶式基础示意图见图 1-5。

图 1-5 桶式基础示意图

根据地质剖面图钻孔,钢质桶安装土层为灰黄～灰色淤泥(-8～-17.24 m)、灰黄～灰色粉质黏土(-17.24～-23.04 m)、灰黄色～灰色粉砂(-23.04～-25 m),各土层物理学参数见表 1-1,钢桶物理学参数见表 1-2。

表 1-1 土层物理学参数

土层	饱和重度/(kN·m^{-3})	弹性模量 E/MPa	泊松比	黏聚力/kPa	摩擦角/(°)
淤泥	15.8	6	0.3	5	2
粉质黏土	17.1	30～40	0.3	13.5	14
粉质砂土	19.2	7～20	0.3	2.5	34

表 1-2 钢桶物理学参数

弹性模量 E/MPa	泊松比
2.1×10^8	0.1

1.3.3.2 桶体安装施工过程

桶式基础在现场安装过程中,打开桶顶上预制的排水阀,首先依靠桶体的自重和上部压载作用,使桶体下沉至泥面以下一定深度,进而形成密封条件;然后使用连接至桶顶预留孔的真空泵和抽水泵抽吸桶体内的空气和水,当某一时刻泵抽出的水量大于桶内自底部渗入的水量时,桶体内外会形成压力差。当压差足够大时,即能克服桶体下沉阻力,桶式基础就会在负压的作用下不断压入土中,直至下沉到设计深度,其原理如图1-6所示。

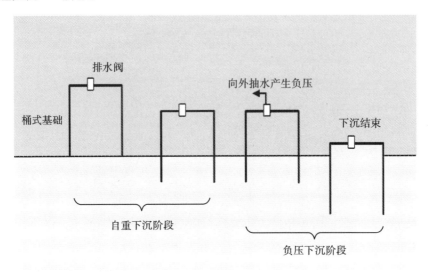

图1-6 桶式基础工作原理示意图

(1)自重下沉。

桶体移送至安装地点后,桶体排气下沉,潮位达到低平潮后,开启隔舱的排气泵,下沉过程控制起重船吊力,保持吊力不大于100 t,如超过,则立即关闭排气阀门并适当充气。桶体下沉至泥面以下0.5 m时,停止下沉,关闭阀门,检查桶体位置,如有偏差,进行调整;桶体位置符合设计要求后,开启全部排气阀门,依靠桶体自重下沉入泥5 m,或至无法下沉为止,关闭排气阀门。自重下沉过程完毕。

(2)负压下沉。

桶体自重下沉入泥5 m后,开启真空泵,抽真空开始负压下沉。抽真空出水后,开启排水泵,循环排水、真空负压下沉。当下沉倾斜角度超过要求时,暂停下沉较大一侧隔舱的真空泵,下沉较小的一侧继续工作,直至桶体下沉处于均衡状态,其后继续负压下沉作业。随时调整各台泵开关,确保桶体的平衡下沉,直至桶体下沉到设计标高。

所处水位不同,桶体受力也有所不同,桶体依靠自重沉入土中之后,埋深较浅,钢桶的顶盖还在水面以上,需要抽气产生内外压差使桶体下沉,抽真空时可提供0.9个负大气压,随着埋深增加,桶顶没入水中后,则需要抽出桶中水以形成负压,抽水时可提供0.3个负大气压。

第 2 章 桶式基础防波堤结构浮运理论与试验

2.1 试验背景

中交第三航务工程勘察设计院有限公司提出的新型桶式基础防波堤结构方案于 2011 年 6 月通过了专家评审,因此,中交第三航务工程勘察设计院有限公司委托大连海洋大学就新型桶式基础沉放稳定性进行试验研究。下面对新型桶式基础防波堤结构,采用 1:30 的模型比尺进行了物理模型试验,测定上桶桶体居中、偏移 1.5 m、偏移 3.0 m、偏移 4.5 m 时,下桶桶体在不同吃水深度状态下新型桶式基础结构的浮游稳定性。

最终的试验结果可为施工单位制定桶式基础结构浮运施工方案提供必要的理论基础。

2.2 依据资料

2.2.1 试验遵循的标准

(1)《堤防工程设计规范》(GB 50286—2013)。
(2)《海堤工程设计规范》(SL 435—2008)。
(3)《港口与航道水文规范》(JTS 145—2015)。
(4)《防波堤与护岸设计规范》(JTS 154—2018)。
(5)《防波堤与护岸施工规范》(JTS 208—2020)。
(6)《水运工程模拟试验技术规范》(JTS/T 231—2021)。

2.2.2 试验工况

在试验过程中,不同试验的模拟工况如下。

1. 桶式基础结构浮游稳定性验证试验

桶式基础结构上桶桶体居中、偏移 1.5 m、偏移 3.0 m、偏移 4.5 m 条件下,下桶外侧吃水深度为 9.0 m、9.6 m、10.2 m、11.1 m 时的各工况组合。

2. 桶式基础结构沉放试验(属于增加试验部分)

桶式基础结构上桶桶体居中,负浮力为桶式基础结构自重的 3%、5%、8%、10% 时,桶式基础结构沉放深度(下桶上盖板上水深度)为 0.3 m、0.6 m、0.9 m、1.2 m、1.5 m、1.8 m、2.1 m、2.4 m、3.0 m 的各工况组合。

2.3 桶式基础结构尺寸及沉放吊缆布置

桶式基础结构尺寸及沉放吊缆布置见图 2-1。其中:下层桶体长 30 m、宽 20 m、

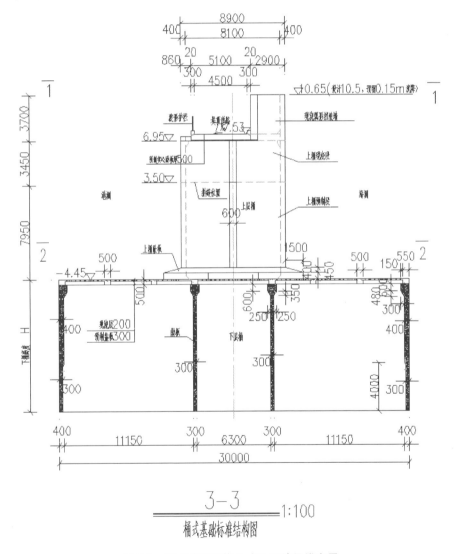

图 2-1 桶式基础结构尺寸及沉放吊缆布置

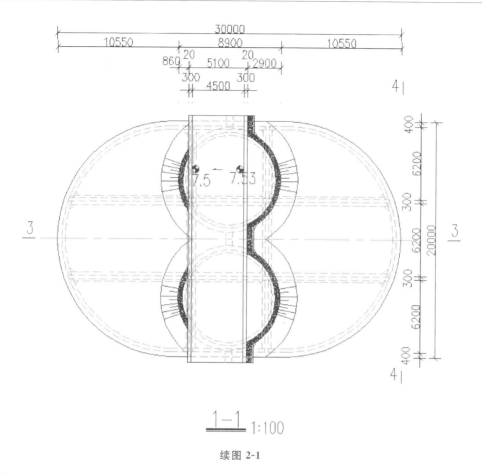

续图 2-1

高 11.1 m、外壁厚 400 mm、隔墙厚 300 mm,上层桶体有 2 个圆筒,圆筒外径 8.9 m、高 7.95 m,壁厚 350 mm,盖板厚 400 mm(上桶桶体 7.95 m 以上部分和挡浪墙部分为桶式基础结构沉放后,现场浇筑部分,在本试验过程中不考虑)。

桶式基础结构共设置 4 个沉放吊缆钩,分别布置在下桶体上盖板的两个纵向肋梁的端部。

2.3.1 试验内容

(1)测定桶式基础结构在上桶不同布置状态(居中、偏移 1.5 m、3.0 m、4.5 m)与下桶桶体不同吃水深度工况组合条件下,下桶桶体各隔舱内的气压值和水位值。

(2)测定在不同负浮力和沉放深度状态条件下,桶式基础结构下桶隔舱内的气压值、水位值,以及产生一定倾角时沉放吊缆的缆绳最大张力。

(3)根据试验结果针对桶式基础结构浮游稳定性给出结论性意见,并提出桶式基础结构的浮游稳定性计算公式。

2.3.2 试验设备和试验方法

2.3.2.1 试验设备和量测仪器

1. 试验水池

根据桶式基础防波堤结构的尺寸和试验内容,物理模型试验在大连海洋大学辽宁省海岸工程重点实验室进行。模型试验水池如图 2-2 所示。

图 2-2 模型试验水池

2. 量测仪器

(1)DS30 型浪高水位仪测量系统。

图 2-3 DS30 型浪高仪

桶式基础结构下桶内吃水深度测量仪器采用天津水利科学研究院研制生产的 DS30 型浪高仪(见图 2-3),浪高仪内置模/数转换器,巡回采集各通道数据,单点采样时间间隔为 0.0015 s(约 666 Hz);64 通道最小采样时间间隔为 0.01 s(100 Hz);128 通道最小采样时间间隔为 0.02 s(50 Hz)。

该系统可同步测量多点波面过程并进行数据分析,已经在多个物理模型试验中应用,准确可信。每次试验前进行标定,标定线性度均大于 0.999。

该系统配置如图 2-4 所示的 LG 型浪高水位传感器,其特性如下:

LG 型浪高水位传感器是电容式的,它和以前的同类型传感器相比,稳定性好,受水温变化的影响小,不必用温度传感器进行温度校正。

图 2-4　LG 型浪高水位传感器

当水温度在 10～25 ℃之间时,传感器的灵敏度系数变化小于满量程的 0.5%。

传感器预热 20 分钟后,零点漂移量小于满量程的 1%,实际上传感器的零漂对波高的测量精度影响甚微,可以不考虑。

LG 型浪高水位传感器的动态特性比以前的同类型传感器好,因为新的敏感丝对水的附着力小。当水位波动较快时,附着水会影响浪高的测量精度。

LG 型浪高水位传感器的频率相应不小于 200 Hz。

传感器的输入工作电压:±12 V;传感器的输出信号电压:-5 V～+5 V。

(2)DS30 型点压力测量系统。

桶式基础结构下桶内各舱内气压的测量采用 DS30 型点压力测量系统,该系统由 DS30 型点压力仪(见图 2-5)和 YL1 型点压力传感器(见图 2-6)组成。

DS30 型点压力仪通过 USB 2.0 接口与计算机相连,最多可以同时控制 64 个点的压力数据采集,单点采样时间间隔为 0.0015 s(约 666 Hz)。

当环境温度为 0～30 ℃时,传感器的温漂不大于满量程的±0.5%。YL1 型点压力传感器的频率响应不小于 1000 Hz。

传感器的量程:30 kPa

传感器的输入工作电压:±12 V

传感器的输出信号电压:-5 V～+5 V

(3)拉力测量系统。

沉放吊缆的缆绳张力测量采用上海甘坛仪器有限公司 FA-1K 型拉力计测量系统(见图 2-7)。

FA-1K 型拉力计测量系统最大量程为 1000 N,分度值为 0.5 N,测量误差在 1%以内。

该系统采样长度为 1～1280 s,采样速度为 6～1600 Hz。

图 2-5 DS30 型点压力仪

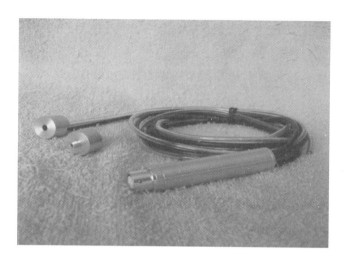

图 2-6 YL1 型点压力传感器

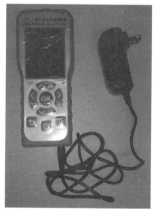

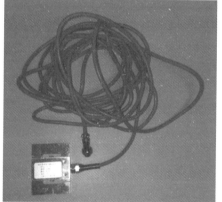

图 2-7 FA-1K 型拉力计测量系统

2.3.2.2 模型比尺、模型制作

本试验遵照《水运工程模拟试验技术规范》的相关规定,采用正态模型,按照 Froude 数相似定律设计。根据桶式防波堤基础结构试验断面尺度及试验设备条件等因素,经论证本试验的模型比尺取为1:30。

根据中交第三航务工程勘察设计院有限公司提供的桶式防波堤基础结构的设计图纸按重力相似准则进行桶式防波堤基础结构的模拟,模型与原型之间满足几何相似、重力相似和动力相似条件。

模型试验采用重力相似准则,结构断面尺寸满足几何相似,各物理量比尺关系如下:

$$\lambda = \frac{l_p}{l_m} \tag{2-1}$$

$$\lambda_t = \lambda^{1/2} \tag{2-2}$$

$$\lambda_H = \lambda \tag{2-3}$$

$$\lambda_T = \lambda^{1/2} \tag{2-4}$$

$$\lambda_F = \lambda^3 \tag{2-5}$$

$$\lambda_q = \lambda^{3/2} \tag{2-6}$$

式中:λ——模型长度比尺;

l_p——原型长度;

l_m——模型长度;

λ_t——时间比尺;

λ_H——浪高比尺;

λ_T——波周期比尺;

λ_F——力(重量)比尺;

λ_q——单宽流量比尺。

模型试验中的各物理量比尺如表 2-1 所示。

表 2-1 模型试验中的各物理量比尺汇总

变 量	符 号	比 尺	模型比尺
长度	L_r	L_r	1:30
水深	h_r	L_r	1:30
重量	W_r	L_r^3	$1:30^3$
压强	P_r	L_r	1:30

试验中桶式基础模型采用有机玻璃+铅片模拟制作。制作过程中,首先用有机玻璃制作桶式基础结构模型,并做好各下桶体的各密闭隔舱,然后考虑上下桶体各部分的重量,将铅片均匀地覆盖在有机玻璃桶式基础结构模型的外侧或内侧,制作好的桶式防波堤基础结构模型如图 2-8 所示。

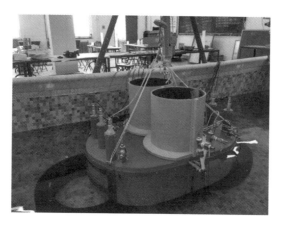

图 2-8 试验采用的桶式防波堤基础结构模型

2.3.2.3 试验工况与试验方法

1. 试验工况

根据试验目的和试验内容,桶式基础结构浮游稳定性验证试验工况汇总如表 2-2 所示。

表 2-2 桶式基础结构浮游稳定性验证试验工况汇总

组 次	上 桶 位 置	下桶吃水深度/m(原型值)
1	居中	9.0、9.6、10.2、11.1
2	偏移 1.5 m	9.0、9.6、10.2、11.1
3	偏移 3.0 m	9.0、9.6、10.2、11.1
4	偏移 4.5 m	9.0、9.6、10.2、11.1

桶式基础结构沉放试验工况汇总如表 2-3 所示。

表 2-3 桶式基础结构沉放试验工况汇总

组 次	负 浮 力	沉放深度/m(原型值)
1	3%	0.3、0.6、0.9、1.2、1.5、1.8、2.1、2.4、3.0
2	5%	0.3、0.6、0.9、1.2、1.5、1.8、2.1、2.4、3.0
3	8%	0.3、0.6、0.9、1.2、1.5、1.8、2.1、2.4、3.0
4	10%	0.3、0.6、0.9、1.2、1.5、1.8、2.1、2.4、3.0

2. 试验方法

(1)桶式基础结构浮游稳定性验证试验方法。

试验过程中,首先将桶式基础结构试验模型吊出水面,将压力仪和浪高仪定零;然后将试验模型平稳缓慢地放入水中,调整下桶各隔舱内的气压,使下桶吃水深度满足试验要求的吃水深度,观察其浮游稳定状态并测定下桶各隔舱内的气压值和水位值;最后,使试验模型产生一定的倾斜角度(6°),让其自由恢复静止漂浮状态,观察其浮游状态。

按上述试验方法,在同一工况下重复进行试验三次,完成这一个工况下的测试试验。

(2)桶式基础结构沉放试验方法。

试验过程中,首先调节沉放吊缆的缆绳长度,试验模型下沉至所需的试验深度;然后调整试验模型下桶体各舱内的气压,使沉放吊缆的缆绳张力值满足试验要求负浮力条件,并测定下桶体各舱内的气压值和水位值;最后,使试验模型产生一定的倾斜角度(6°)后,让其在负浮力作用下恢复到静止平衡状态,测量此过程中沉放吊缆的缆绳张力值。

按上述试验方法,在同一工况下重复进行试验三次,完成这一个工况下的测试试验。

2.4 试验结果

在试验数据分析过程中,取三次试验数据的平均值,作为此数据的试验最终数据。本报告中的试验结果是在此基础上得到的。

图 2-9、图 2-10 分别给出了桶式基础结构上桶居中条件下,下桶外侧吃水深度为 9.6 m 时,下桶隔舱内气压值的试验过程曲线,以及下桶外侧吃水深度为 10.2 m 时,下桶隔舱内水位值的试验过程曲线。从图中可以看出,在试验过程中,下桶隔舱内气压值和水位值变化的幅度不大,两者幅值的变化不会引起桶式基础结构漂浮状态的大幅变化。

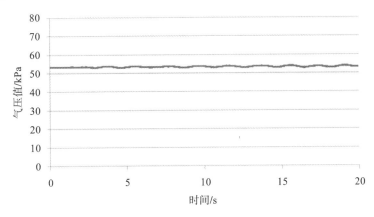

图 2-9 上桶居中条件下,下桶外侧吃水深度为 9.6 m 时,下桶隔舱内气压值的试验过程曲线

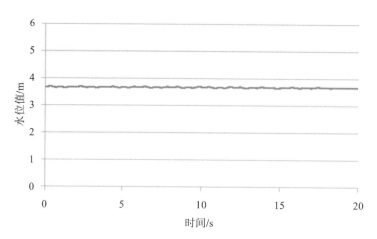

图 2-10 上桶居中条件下,下桶外侧吃水深度为 10.2 m 时,下桶隔舱内水位值的试验过程曲线

2.4.1 桶式基础结构浮游稳定性验证试验结果

2.4.1.1 上桶桶体居中布置条件下的试验结果

图 2-11 系列给出了桶式基础结构上桶居中条件下,下桶外侧不同吃水深度时,下桶各隔舱内的气压值(气压单位 kPa)。从图 2-11 系列中可以看出,同一吃水深度下,各隔舱内的气压值相差不大。随着下桶外侧吃水深度增加,下桶各隔舱内气压值逐渐减小,这是由于吃水深度的增加,桶式基础结构在水中的重量减小而引起的。

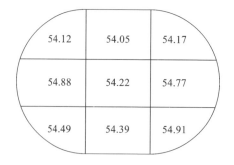
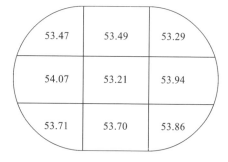

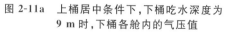

图 2-11a 上桶居中条件下,下桶吃水深度为 9 m 时,下桶各舱内的气压值　　图 2-11b 上桶居中条件下,下桶吃水深度为 9.6 m 时,下桶各舱内的气压值

下桶桶体吃水深度为 9 m 时,下桶内气压最小值为 54.05 kPa,最大值为 54.91 kPa,平均值约为 54.44 kPa。

下桶桶体吃水深度为 9.6 m 时,下桶内气压最小值为 53.21 kPa,最大值为 54.07 kPa,平均值约为 53.64 kPa。

下桶桶体吃水深度为 10.2 m 时,下桶内气压最小值为 52.06 kPa,最大值为

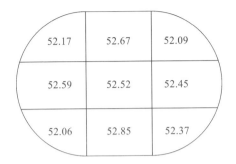

图 2-11c 上桶居中条件下,下桶吃水深度为 10.2 m 时,下桶各舱内的气压值

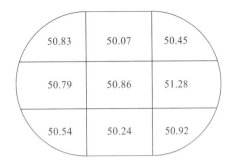

图 2-11d 上桶居中条件下,下桶吃水深度为 11.1 m 时,下桶各舱内的气压值

52.85 kPa,平均值约为 52.42 kPa。

下桶桶体吃水深度为 11.1 m 时,下桶内气压最小值为 50.07 kPa,最大值为 51.28 kPa,平均值约为 50.66 kPa。

图 2-12 系列给出了桶式基础结构上桶居中条件下,不同吃水深度时,下桶各隔舱内的水位值(单位 m)(这里需要说明的是,由于下桶桶体中间 3 个隔舱的上方有上桶桶体,无法安放浪高仪,因此仅测量了下桶两端 6 个隔舱内的水位值)。从图 2-12 系列中可以看出,同一吃水深度下,各隔舱内的水位值相差不大。随着下桶吃水深度增加,下桶隔舱内水位值逐渐增大。

下桶桶体吃水深度为 9 m 时,下桶内水位最小值为 3.14 m,最大值为 3.26 m,平均值约为 3.23 m。

下桶桶体吃水深度为 9.6 m 时,下桶内水位最小值为 3.59 m,最大值为 3.68 m,平均值约为 3.64 m。

下桶桶体吃水深度为 10.2 m 时,下桶内水位最小值为 4.26 m,最大值为 4.33 m,平均值约为 4.30 m。

下桶桶体吃水深度为 11.1 m 时,下桶内水位最小值为 4.66 m,最大值为 4.78 m,平均值约为 4.73 m。

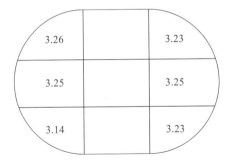

图 2-12a 上桶居中条件下,下桶吃水深度为 9 m 时,下桶各舱内的水位值

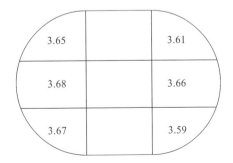

图 2-12b 上桶居中条件下,下桶吃水深度为 9.6 m 时,下桶各舱内的水位值

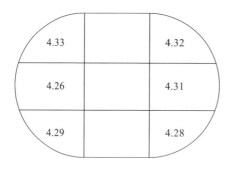 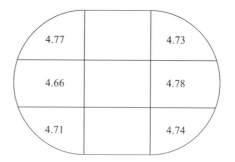

图 2-12c　上桶居中条件下,下桶吃水深度为 10.2 m 时,下桶各舱内的水位值

图 2-12d　上桶居中条件下,下桶吃水深度为 11.1 m 时,下桶各舱内的水位值

以上各工况给予桶体 6°初始倾斜角度后,桶式基础结构模型能够恢复平衡。

图 2-13 系列给出了桶式基础结构上桶居中条件下,不同吃水深度时的试验照片。

图 2-13a　上桶居中条件下,下桶吃水深度为 9.0 m 时的试验照片

图 2-13b　上桶居中条件下,下桶吃水深度为 9.6 m 时的试验照片

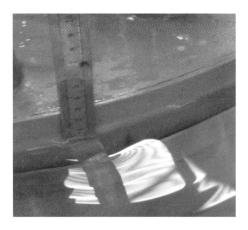

图 2-13c　上桶居中条件下,下桶吃水深度为 10.2 m 时的试验照片

图 2-13d　上桶居中条件下,下桶吃水深度为 11.1 m 时的试验照片

2.4.1.2　上桶桶体偏移 1.5 m 布置条件下的试验结果

图 2-14 系列给出了桶式基础结构上桶向右侧偏移 1.5 m 条件下,不同吃水深度时,下桶各隔舱内的气压值(气压单位 kPa)。从图 2-14 系列中可以看出,在不同吃水深度时,由于上桶桶体向右侧偏移 1.5 m,导致下桶左侧 3 个隔舱内的气压值最小,其余 6 个隔舱内的气压值相差不大。随着下桶外侧吃水深度增加,下桶各隔舱内气压值逐渐减小,这是由于吃水深度的增加,桶式基础结构在水中的重量减小而引起的。

下桶桶体吃水深度为 9 m 时,下桶左侧 3 个隔舱内气压最小值为 47.26 kPa,最大值为 47.40 kPa,平均值约为 47.33 kPa;下桶中间 3 个隔舱内气压最小值为 57.25 kPa,最大值为 58.08 kPa,平均值为 57.59 kPa;下桶右侧 3 个隔舱内气压最小值为 57.29 kPa,最大值为 57.62 kPa,平均值约为 57.47 kPa。

下桶桶体吃水深度为 9.6 m 时,下桶左侧 3 个隔舱内气压最小值为 46.86 kPa,最大值为 47.01 kPa,平均值约为 46.95 kPa;下桶中间 3 个隔舱内气压最小值为 55.98 kPa,最大值为 56.73 kPa,平均值约为 56.41 kPa;下桶右侧 3 个隔舱内气压最小值为 57.06 kPa,最大值为 57.21 kPa,平均值约为 57.13 kPa。

下桶桶体吃水深度为 10.2 m 时,下桶左侧 3 个隔舱内气压最小值为 44.99 kPa,最大值为 45.50 kPa,平均值约为 45.18 kPa;下桶中间 3 个隔舱内气压最小值为 57.42 kPa,最大值为 57.93 kPa,平均值约为 57.73 kPa;下桶右侧 3 个隔舱内气压最小值为 57.27 kPa,最大值为 57.87 kPa,平均值约为 57.49 kPa。

下桶桶体吃水深度为 11.1 m 时,下桶左侧 3 个隔舱内气压最小值为 43.01 kPa,最大值为 43.54 kPa,平均值约为 43.29 kPa;下桶中间 3 个隔舱内气压最小值为 56.45 kPa,最大值为 56.88 kPa,平均值约为 56.63 kPa;下桶右侧 3 个隔舱内气压最小值为 55.98 kPa,最大值为 56.54 kPa,平均值约为 56.35 kPa。

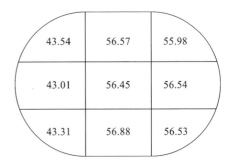

图 2-14a 上桶向右偏移 1.5 m 条件下,下桶吃水深度为 9 m 时,下桶各舱内的气压值

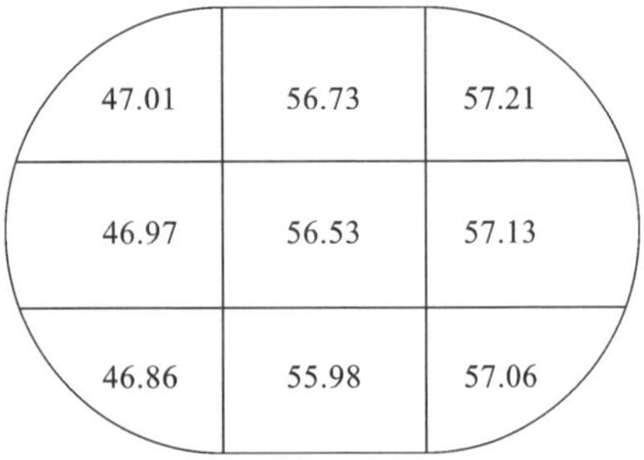

图 2-14b 上桶向右偏移 1.5 m 条件下,下桶吃水深度为 9.6 m 时,下桶各舱内的气压值

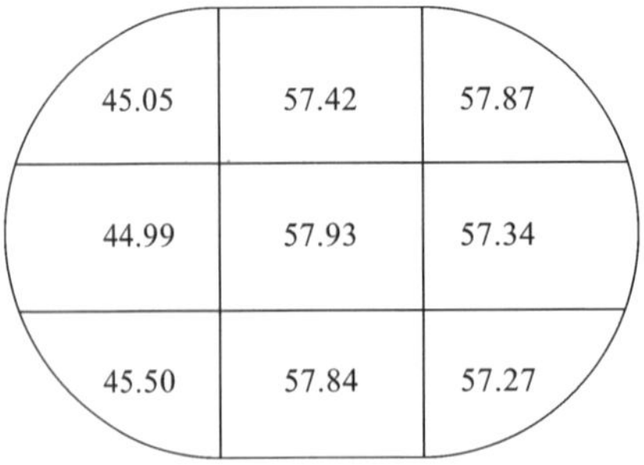

图 2-14c 上桶向右偏移 1.5 m 条件下,下桶吃水深度为 10.2 m 时,下桶各舱内的气压值

图 2-14d 上桶向右偏移 1.5 m 条件下,下桶吃水深度为 11.1 m 时,下桶各舱内的气压值

图 2-15 系列给出了桶式基础结构上桶向右侧偏移 1.5 m 条件下,不同吃水深度时,下桶各隔舱内的水位值(单位 m)。从图 2-15 系列中可以看出,由于上桶桶体向右侧偏移布置,导致在同一吃水深度下,下桶左侧 3 个隔舱内的水位值明显大于右侧

3个隔舱内的水位值,但左侧(或右侧)3个隔舱内的水位值相差不大。随着下桶外侧吃水深度的增加,下桶各隔舱内的水位值逐渐增大。

下桶桶体吃水深度为 9 m 时,下桶左侧 3 个隔舱内水位最小值为 3.91 m,最大值为 3.99 m,平均值约为 3.95 m;下桶右侧 3 个隔舱内水位最小值为 1.56 m,最大值为 1.61 m,平均值约为 1.58 m。

下桶桶体吃水深度为 9.6 m 时,下桶左侧 3 个隔舱内水位最小值为 4.37 m,最大值为 4.42 m,平均值约为 4.39 m;下桶右侧 3 个隔舱内水位最小值为 2.32 m,最大值为 2.36 m,平均值约为 2.34 m。

下桶桶体吃水深度为 10.2 m 时,下桶左侧 3 个隔舱内水位最小值为 5.27 m,最大值为 5.31 m,平均值约为 5.29 m;下桶右侧 3 个隔舱内水位最小值为 2.78 m,最大值为 2.81 m,平均值约为 2.80 m。

下桶桶体吃水深度为 11.1 m 时,下桶左侧 3 个隔舱内水位最小值为 6.16 m,最大值为 6.18 m,平均值约为 6.17 m;下桶右侧 3 个隔舱内水位最小值为 3.91 m,最大值为 3.96 m,平均值约为 3.93 m。

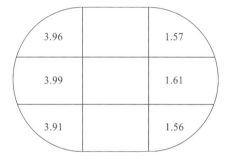

图 2-15a 上桶向右偏移 1.5 m 条件下,下桶吃水深度为 9 m 时,下桶各舱内的水位值

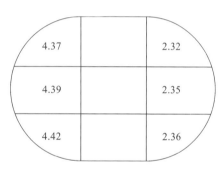

图 2-15b 上桶向右偏移 1.5 m 条件下,下桶吃水深度为 9.6 m 时,下桶各舱内的水位值

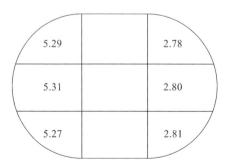

图 2-15c 上桶向右偏移 1.5 m 条件下,下桶吃水深度为 10.2 m 时,下桶各舱内的水位值

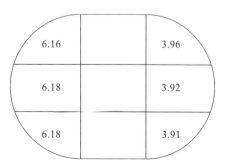

图 2-15d 上桶向右偏移 1.5 m 条件下,下桶吃水深度为 11.1 m 时,下桶各舱内的水位值

以上各工况给予桶体 6°初始倾斜角度后,桶式基础结构模型能够恢复平衡。

图 2-16 系列给出了桶式基础结构上桶向右侧偏移 1.5 m 条件下,不同吃水深度时的试验照片。

图 2-16a　上桶向右偏移 1.5 m,下桶吃水深度为 9 m 时的试验照片

图 2-16b　上桶向右偏移 1.5 m,下桶吃水深度为 9.6 m 时的试验照片

图 2-16c 上桶向右偏移 1.5 m,下桶吃水深度为 10.2 m 时的试验照片

图 2-16d 上桶向右偏移 1.5 m,下桶吃水深度为 11.1 m 时的试验照片

2.4.1.3 上桶桶体偏移 3.0 m 布置条件下的试验结果

图 2-17 系列给出了桶式基础结构上桶向右侧偏移 3.0 m 条件下,不同吃水深度时,下桶各隔舱内的气压值(气压单位 kPa)。从图 2-17 系列中可以看出,当上桶桶体向右侧偏移 3.0 m 条件下,在不同吃水深度时,下桶左侧 3 个隔舱内的气压值明显小于其余 6 个隔舱内的气压值,这一规律与上桶桶体偏移 1.5 m 条件时下桶各隔舱内的气压分布规律一致。随着下桶外侧吃水深度增加,下桶各隔舱内气压值逐渐减小,这是由于吃水深度的增加,桶式基础结构在水中的重量减小而引起的。

下桶桶体吃水深度为 9 m 时,下桶左侧 3 个隔舱内气压最小值为 43.08 kPa,最大值为 43.84 kPa,平均值约为 43.47 kPa;下桶中间 3 个隔舱内气压最小值为 61.06 kPa,最大值为 61.75 kPa,平均值约为 61.47 kPa;下桶右侧 3 个隔舱内气压最小值为 61.42 kPa,最大值为 62.11 kPa,平均值约为 61.77 kPa。

下桶桶体吃水深度为 9.6 m 时,下桶左侧 3 个隔舱内气压最小值为 41.75 kPa,最大值为 42.14 kPa,平均值约为 42.0 kPa;下桶中间 3 个隔舱内气压最小值为 60.83 kPa,最大值为 61.13 kPa,平均值约为 61.01 kPa;下桶右侧 3 个隔舱内气压最小值为 60.06 kPa,最大值为 60.55 kPa,平均值约为 60.37 kPa。

下桶桶体吃水深度为 10.2 m 时,下桶左侧 3 个隔舱内气压最小值为 40.99 kPa,最大值为 41.50 kPa,平均值约为 41.18 kPa;下桶中间 3 个隔舱内气压最小值为 58.84 kPa,最大值为 59.42 kPa,平均值约为 59.06 kPa;下桶右侧 3 个隔舱内气压最小值为 59.27 kPa,最大值为 59.87 kPa,平均值约为 59.49 kPa。

下桶桶体吃水深度为 11.1 m 时,下桶左侧 3 个隔舱内气压最小值为 39.51 kPa,最大值为 39.79 kPa,平均值约为 39.66 kPa;下桶中间 3 个隔舱内气压最小值为 56.13 kPa,最大值为 57.02 kPa,平均值约为 56.69 kPa;下桶右侧 3 个隔舱内气压最小值为 56.69 kPa,最大值为 57.10 kPa,平均值约为 56.84 kPa。

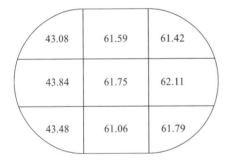

图 2-17a　上桶向右偏移 3.0 m 条件下,下桶吃水深度为 9 m 时,下桶各舱内的气压值

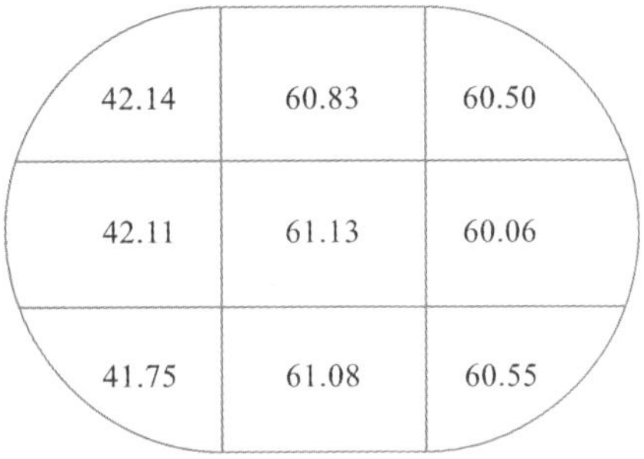

图 2-17b　上桶向右偏移 3.0 m 条件下,下桶吃水深度为 9.6 m 时,下桶各舱内的气压值

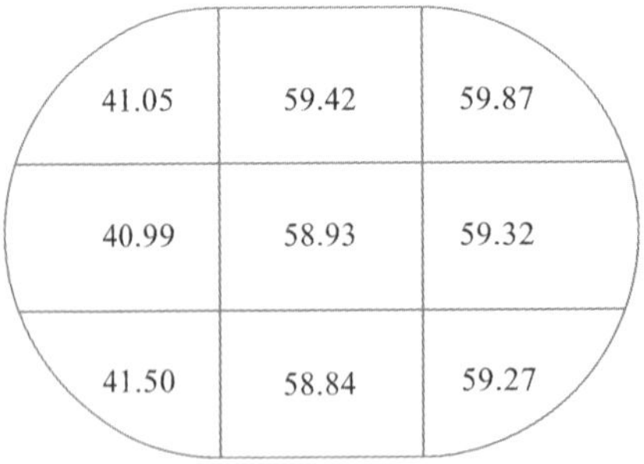

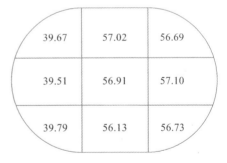

图 2-17c　上桶向右偏移 3.0 m 条件下,下桶吃水深度为 10.2 m 时,下桶各舱内的气压值

图 2-17d　上桶向右偏移 3.0 m 条件下,下桶吃水深度为 11.1 m 时,下桶各舱内的气压值

图 2-18 系列给出了桶式基础结构上桶向右侧偏移 3.0 m 条件下,不同吃水深度时,下桶各隔舱内的水位值(单位 m)。从图 2-18 系列中可以看出,由于上桶桶体向右侧偏移布置,导致在同一吃水深度下,下桶左侧 3 个隔舱内的水位值明显大于右侧

3个隔舱内的水位值,但左侧(或右侧)3个隔舱内的水位值相差不大。随着下桶外侧吃水深度的增加,下桶各隔舱内的水位值逐渐增大。这一规律与上桶向右偏移1.5 m时下桶各隔舱内的水位值规律一致。

下桶桶体吃水深度为9 m时,下桶左侧3个隔舱内水位最小值为4.22 m,最大值为4.29 m,平均值约为4.25 m;下桶右侧3个隔舱内水位最小值为1.19 m,最大值为1.29 m,平均值约为1.24 m。

下桶桶体吃水深度为9.6 m时,下桶左侧3个隔舱内水位最小值为5.19 m,最大值为5.23 m,平均值约为5.21 m;下桶右侧3个隔舱内水位最小值为1.81 m,最大值为1.84 m,平均值约为1.83 m。

下桶桶体吃水深度为10.2 m时,下桶左侧3个隔舱内水位最小值为6.28 m,最大值为6.32 m,平均值约为6.30 m;下桶右侧3个隔舱内水位最小值为2.28 m,最大值为2.35 m,平均值约为2.31 m。

下桶桶体吃水深度为11.1 m时,下桶左侧3个隔舱内水位最小值为7.19 m,最大值为7.27 m,平均值约为7.24 m;下桶右侧3个隔舱内水位最小值为3.01 m,最大值为3.08 m,平均值约为3.04 m。

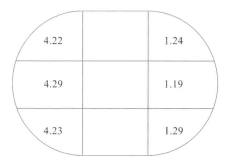

图 2-18a 上桶向右偏移 3.0 m 条件下,下桶吃水深度为 9 m 时,下桶各舱内的水位值

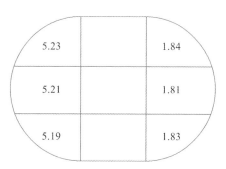

图 2-18b 上桶向右偏移 3.0 m 条件下,下桶吃水深度为 9.6 m 时,下桶各舱内的水位值

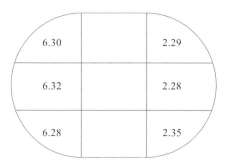

图 2-18c 上桶向右偏移 3.0 m 条件下,下桶吃水深度为 10.2 m 时,下桶各舱内的水位值

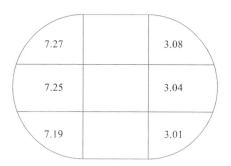

图 2-18d 上桶向右偏移 3.0 m 条件下,下桶吃水深度为 11.1 m 时,下桶各舱内的水位值

以上各工况给予桶体 6°初始倾斜角度后,桶式基础结构模型能够恢复平衡。

图 2-19 系列给出了桶式基础结构上桶向右侧偏移 3.0 m 条件下,不同吃水深度时的试验照片。

图 2-19a　上桶向右偏移 3.0 m,下桶吃水深度为 9.0 m 时的试验照片

图 2-19b　上桶向右偏移 3.0 m,下桶吃水深度为 9.6 m 时的试验照片

图 2-19c 上桶向右偏移 3.0 m,下桶吃水深度为 10.2 m 时的试验照片

图 2-19d 上桶向右偏移 3.0 m,下桶吃水深度为 11.1 m 时的试验照片

2.4.1.4 上桶桶体偏移 4.5 m 布置条件下的试验结果

图 2-20 系列给出了桶式基础结构上桶向右侧偏移 4.5 m 条件下,不同吃水深度时,下桶各隔舱内的气压值(气压单位 kPa)。从图 2-20 系列中可以看出,当上桶桶体向右侧偏移 4.5 m 条件下,在不同吃水深度时,下桶左侧 3 个隔舱内的气压值明显小于其余 6 个隔舱内的气压值,这一规律与上桶体偏移 1.5 m 和偏移 3.0 m 条件时下桶各隔舱内的气压分布规律一致。随着下桶外侧吃水深度增加,下桶各隔舱内气压值逐渐减小,这是由于吃水深度的增加,桶式基础结构在水中的重量减小而引起的。

下桶桶体吃水深度为 9 m 时,下桶左侧 3 个隔舱内气压最小值为 39.54 kPa,最大值为 40.06 kPa,平均值约为 39.81 kPa;下桶中间 3 个隔舱内气压最小值为 62.12

kPa,最大值为 62.95 kPa,平均值约为 62.48 kPa;下桶右侧 3 个隔舱内气压最小值为 62.19 kPa,最大值为 62.63 kPa,平均值约为 62.44 kPa。

下桶桶体吃水深度为 9.6 m 时,下桶左侧 3 个隔舱内气压最小值为 38.12 kPa,最大值为 38.82 kPa,平均值约为 38.42 kPa;下桶中间 3 个隔舱内气压最小值为 61.25 kPa,最大值为 61.61 kPa,平均值约为 61.47 kPa;下桶右侧 3 个隔舱内气压最小值为 61.18 kPa,最大值为 61.88 kPa,平均值约为 61.63 kPa。

下桶桶体吃水深度为 10.2 m 时,下桶左侧 3 个隔舱内气压最小值为 37.11 kPa,最大值为 37.83 kPa,平均值约为 37.47 kPa;下桶中间 3 个隔舱内气压最小值为 60.31 kPa,最大值为 60.86 kPa,平均值约为 60.61 kPa;下桶右侧 3 个隔舱内气压最小值为 59.91 kPa,最大值为 60.88 kPa,平均值约为 60.32 kPa。

下桶桶体吃水深度为 11.1 m 时,下桶左侧 3 个隔舱内气压最小值为 34.48 kPa,最大值为 34.96 kPa,平均值约为 34.72 kPa;下桶中间 3 个隔舱内气压最小值为 58.41 kPa,最大值为 59.10 kPa,平均值约为 58.86 kPa;下桶右侧 3 个隔舱内气压最小值为 58.47 kPa,最大值为 59.21 kPa,平均值约为 58.91 kPa。

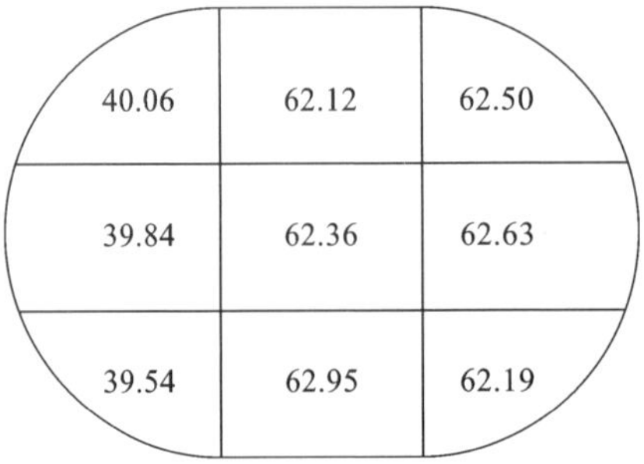

40.06	62.12	62.50
39.84	62.36	62.63
39.54	62.95	62.19

图 2-20a 上桶向右偏移 4.5 m 条件下,下桶吃水深度为 9 m 时,下桶各舱内的气压值

38.33	61.61	61.88
38.82	61.25	61.82
38.12	61.55	61.18

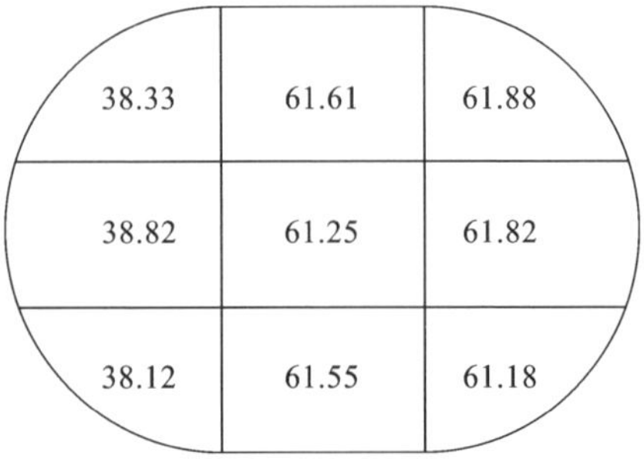

图 2-20b 上桶向右偏移 4.5 m 条件下,下桶吃水深度为 9.6 m 时,下桶各舱内的气压值

37.46	60.31	59.91
37.11	60.66	60.17
37.83	60.86	60.88

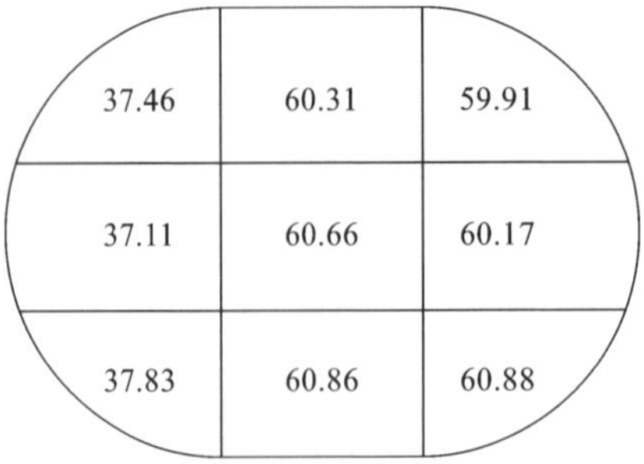

图 2-20c 上桶向右偏移 4.5 m 条件下,下桶吃水深度为 10.2 m 时,下桶各舱内的气压值

34.73	58.41	59.04
34.48	59.07	59.21
34.96	59.10	58.47

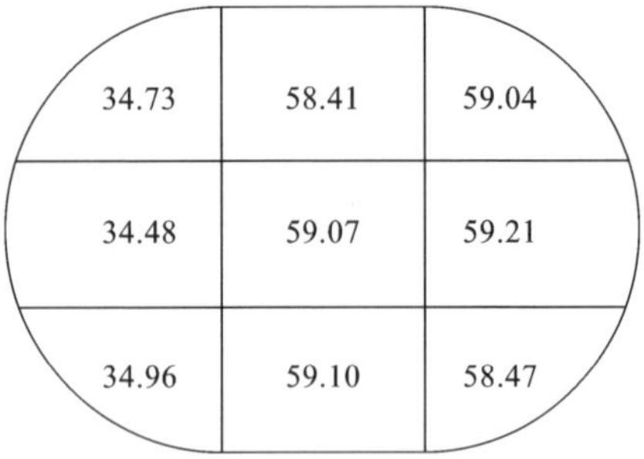

图 2-20d 上桶向右偏移 4.5 m 条件下,下桶吃水深度为 11.1 m 时,下桶各舱内的气压值

图 2-21 系列给出了桶式基础结构上桶向右侧偏移 4.5 m 条件下,不同吃水深度时,下桶各隔舱内的水位值(单位 m)。从图 2-21 系列中可以看出,由于上桶桶体向右侧偏移布置,导致在同一吃水深度下,下桶左侧 3 个舱内的水位值明显大于右侧 3 个舱内的水位值,但左侧(或右侧)3 个舱内的水位值相差不大。随着下桶外侧吃水深度的增加,下方各隔舱内的水位值逐渐增大。这一规律与上桶向右侧偏移 1.5 m 时下桶各隔舱内的水位值规律一致。

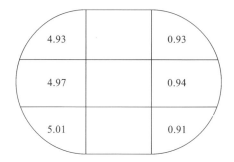

图 2-21a 上桶向右偏移 4.5 m 条件下,下桶吃水深度为 9 m 时,下桶各舱内的水位值

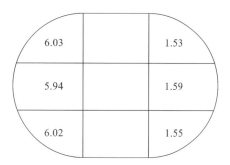

图 2-21b 上桶向右偏移 4.5 m 条件下,下桶吃水深度为 9.6 m 时,下桶各舱内的水位值

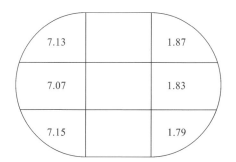

图 2-21c 上桶向右偏移 4.5 m 条件下,下桶吃水深度为 10.2 m 时,下桶各舱内的水位值

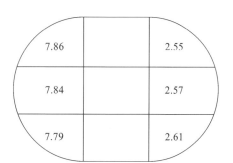

图 2-21d 上桶向右偏移 4.5 m 条件下,下桶吃水深度为 11.1 m 时,下桶各舱内的水位值

下桶桶体吃水深度为 9 m 时,下桶左侧 3 个隔舱内水位最小值为 4.93 m,最大值为 5.01 m,平均值约为 4.97 m;下桶右侧 3 个隔舱内水位最小值为 0.91 m,最大值为 0.94 m,平均值约为 0.93 m。

下桶桶体吃水深度为 9.6 m 时,下桶左侧 3 个隔舱内水位最小值为 5.94 m,最大值为 6.03 m,平均值约为 6.0 m;下桶右侧 3 个隔舱内水位最小值为 1.53 m,最大值为 1.59 m,平均值约为 1.55 m。

下桶桶体吃水深度为 10.2 m 时,下桶左侧 3 个隔舱内水位最小值为 7.07 m,最大值为 7.15 m,平均值约为 7.12 m;下桶右侧 3 个隔舱内水位最小值为 1.79 m,最大值为 1.87 m,平均值约为 1.83 m。

下桶桶体吃水深度为 11.1 m 时,下桶左侧 3 个隔舱内水位最小值为 7.79 m,最大值为 7.86 m,平均值约为 7.83 m;下桶右侧 3 个隔舱内水位最小值为 2.55 m,最大值为 2.61 m,平均值约为 2.58 m。

以上各工况给予桶体 6°初始倾斜角度后,桶式基础结构模型能够恢复平衡。

图 2-22 系列给出了桶式基础结构上桶向右侧偏移 4.5 m 条件下,不同吃水深度时的试验照片。

图 2-22a　上桶向右偏移 4.5 m,下桶吃水深度为 9 m 时的试验照片

图 2-22b　上桶向右偏移 4.5 m,下桶吃水深度为 9.6 m 时的试验照片

图 2-22c 上桶向右偏移 4.5 m,下桶吃水深度为 10.2 m 时的试验照片

图 2-22d 上桶向右偏移 4.5 m,下桶吃水深度为 11.1 m 时的试验照片

2.4.2 桶式基础结构沉放稳定性试验结果

在桶式基础结构沉放试验过程中,在负浮力为 3%、5%、8%、10% 状态下,测量了桶式基础结构沉放过程中,下桶上盖板沉放深度(原型值)分别为 0.3 m、0.6 m、0.9 m、1.2 m、1.5 m、1.8 m、2.1 m、2.4 m、3.0 m 时,下桶各舱内气压值、水位值,以及桶式基础结构发生一定倾角时沉放吊缆的缆绳张力值。

2.4.2.1 负浮力 3% 条件下的试验结果

图 2-23 系列给出了负浮力 3% 条件下,不同沉放深度时,下桶各舱内的气压值(气压单位 kPa)。从图 2-23 系列中可以看出,同一沉放深度下,各舱内的气压值相

差不大。当下桶上盖板吃水 0.3 m 时,下桶舱内气压最大值为 52.07 kPa,最小值为 49.85 kPa。当下桶上盖板吃水 3.0 m 时,下桶舱内气压最大值为 68.16 kPa,最小值为 65.89 kPa。随着桶式基础结构沉放深度的增加,下桶各舱内的气压值逐渐增大,增加的气压值是由于沉放深度增加而引起的。

图 2-24 系列给出了负浮力 3% 条件下,不同沉放深度时,下桶各舱内的水位值。从图 2-24 系列中可以看出,在负浮力 3% 条件下,不同沉放深度时,桶式基础结构下桶各舱内的水位值在 5.16～5.46 m 之间变化,因此可以说,在负浮力一定的条件下,沉放深度变化时,下桶各舱内的水位值基本保持不变。

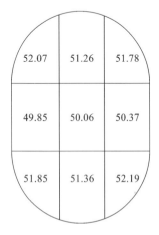

图 2-23a 负浮力 3% 条件下,上盖板吃水 0.3 m 时,下桶各舱内的气压值

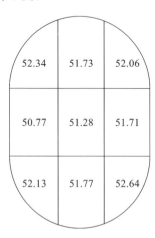

图 2-23b 负浮力 3% 条件下,上盖板吃水 0.6 m 时,下桶各舱内的气压值

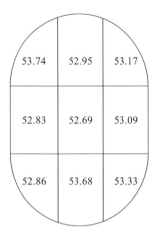

图 2-23c 负浮力 3% 条件下,上盖板吃水 0.9 m 时,下桶各舱内的气压值

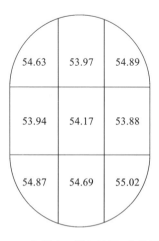

图 2-23d 负浮力 3% 条件下,上盖板吃水 1.2 m 时,下桶各舱内的气压值

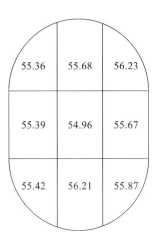
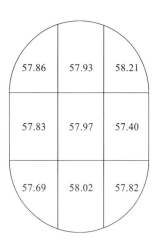

图 2-23e　负浮力 3% 条件下,上盖板吃水 1.5 m 时,下桶各舱内的气压值

图 2-23f　负浮力 3% 条件下,上盖板吃水 1.8 m 时,下桶各舱内的气压值

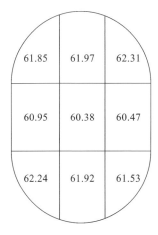
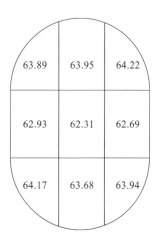

图 2-23g　负浮力 3% 条件下,上盖板吃水 2.1 m 时,下桶各舱内的气压值

图 2-23h　负浮力 3% 条件下,上盖板吃水 2.4 m 时,下桶各舱内的气压值

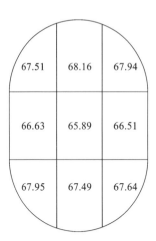

图 2-23i　负浮力 3% 条件下,上盖板吃水 3.0 m 时,下桶各舱内的气压值

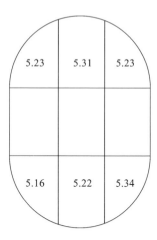

图 2-24a　负浮力 3% 条件下,上盖板吃水 0.3 m 时,下桶各舱内的水位值

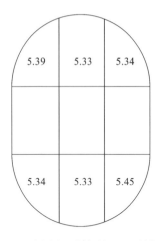

图 2-24b　负浮力 3% 条件下,上盖板吃水 0.6 m 时,下桶各舱内的水位值

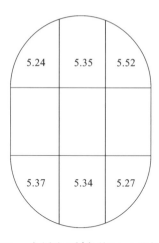

图 2-24c　负浮力 3% 条件下,上盖板吃水 0.9 m 时,下桶各舱内的水位值

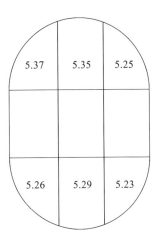

图 2-24d 负浮力 3%条件下,上盖板吃水
1.2 m时,下桶各舱内的水位值

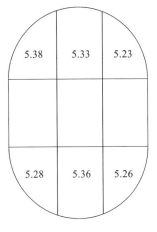

图 2-24e 负浮力 3%条件下,上盖板吃水
1.5 m时,下桶各舱内的水位值

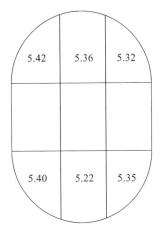

图 2-24f 负浮力 3%条件下,上盖板吃水
1.8 m时,下桶各舱内的水位值

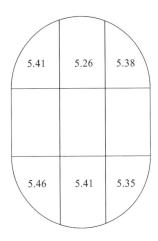

图 2-24g 负浮力 3%条件下,上盖板吃水
2.1 m时,下桶各舱内的水位值

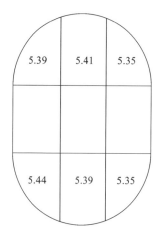

图 2-24h 负浮力 3%条件下,上盖板吃水 2.4 m 时,下桶各舱内的水位值

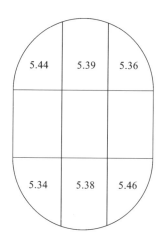

图 2-24i 负浮力 3%条件下,上盖板吃水 3.0 m 时,下桶各舱内的水位值

表 2-4 中给出了负浮力 3%条件下,下桶上盖板不同沉放深度时,沉放吊缆的缆绳张力最大值。从表 2-4 中可以看出,在负浮力为 3%时,桶式基础结构沉放吊缆的缆绳张力最大值为 192.4 t,缆绳张力最小值为 180.9 t。最大值约为最小值的 1.06 倍,因此可以说,在负浮力 3%条件下,不同沉放深度时,沉放吊缆的缆绳张力值基本保持不变,换言之,如果试验过程中,桶式基础结构的初始转角为同一角度时,沉放吊缆的缆绳张力最大值为固定值。因此,缆绳张力的差值可以认为是由于试验过程中桶式基础结构初始倾斜角度的差异产生的。

表 2-4 负浮力 3%条件下,不同沉放深度时的缆绳张力最大值

沉放深度/m	0.3	0.6	0.9	1.2	1.5	1.8	2.1	2.4	3.0
缆绳张力最大值/t	191.7	183.6	182.5	189.3	192.4	187.9	188.2	180.9	189.2

2.4.2.2 负浮力 5%条件下的试验结果

图 2-25 系列给出了负浮力 5%条件下,不同沉放深度时,下桶各舱内的气压值。从图 2-25 系列中可以看出,与负浮力 3%条件下的试验结果相比,负浮力 5%条件下,不同沉放深度时,下桶各舱内气压值略有减小,这是由于负浮力增大,结构自身浮力减小而造成的。当下桶上盖板吃水 0.3 m 时,下桶舱内气压最大值为 50.91 kPa,最小值为 50.11 kPa,各舱内气压值差别不大。随着桶式基础结构沉放深度的增加,下桶各舱内的气压值逐渐增大,但同一沉放深度下,各舱内的气压值相差不大。当下桶盖板吃水 3.0 m 时,下桶舱内气压最大值为 66.96 kPa,最小值为 65.43 kPa。

图 2-26 系列给出了负浮力 5%条件下,不同沉放深度时,下桶各舱内的水位值。

从图 2-26 系列中可以看出,在负浮力 5% 条件下,不同沉放深度时,桶式基础结构下桶各舱内的水位值在 5.6~5.8 m 之间变化,与负浮力 3% 条件下各舱内的水位值基本保持不变的规律是一致的。但负浮力 5% 条件下的下桶各舱内的水位值较负浮力 3% 条件下的略有增大,产生这种现象的原因是桶式基础结构的负浮力增大,各舱内的气压值减小。

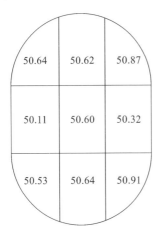

图 2-25a 负浮力 5% 条件下,上盖板吃水 0.3 m 时,下桶各舱内的气压值

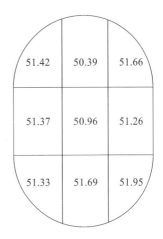

图 2-25b 负浮力 5% 条件下,上盖板吃水 0.6 m 时,下桶各舱内的气压值

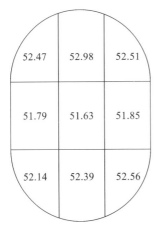

图 2-25c 负浮力 5% 条件下,上盖板吃水 0.9 m 时,下桶各舱内的气压值

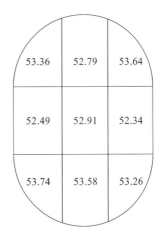

图 2-25d 负浮力 5% 条件下,上盖板吃水 1.2 m 时,下桶各舱内的气压值

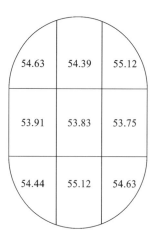

图 2-25e 负浮力 5%条件下,上盖板吃水 1.5 m 时,下桶各舱内的气压值

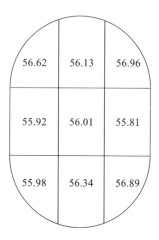

图 2-25f 负浮力 5%条件下,上盖板吃水 1.8 m 时,下桶各舱内的气压值

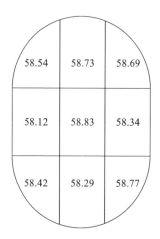

图 2-25g 负浮力 5%条件下,上盖板吃水 2.1 m 时,下桶各舱内的气压值

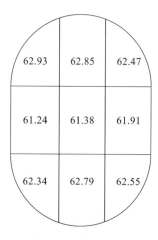

图 2-25h 负浮力 5%条件下,上盖板吃水 2.4 m 时,下桶各舱内的气压值

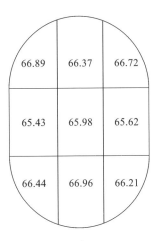

图 2-25i 负浮力 5%条件下,上盖板吃水 3.0 m 时,下桶各舱内的气压值

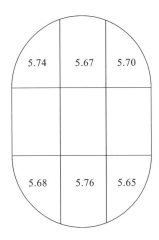

图 2-26a 负浮力 5%条件下,上盖板吃水 0.3 m 时,下桶各舱内的水位值

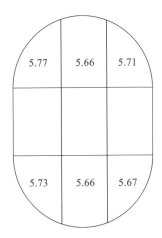

图 2-26b 负浮力 5%条件下,上盖板吃水 0.6 m 时,下桶各舱内的水位值

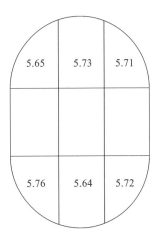

图 2-26c 负浮力 5%条件下,上盖板吃水 0.9 m 时,下桶各舱内的水位值

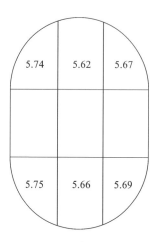

图 2-26d　负浮力 5%条件下,上盖板吃水 1.2 m 时,下桶各舱内的水位值

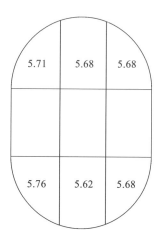

图 2-26e　负浮力 5%条件下,上盖板吃水 1.5 m 时,下桶各舱内的水位值

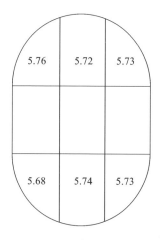

图 2-26f　负浮力 5%条件下,上盖板吃水 1.8 m 时,下桶各舱内的水位值

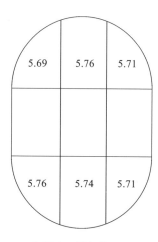

图 2-26g　负浮力 5%条件下,上盖板吃水 2.1 m 时,下桶各舱内的水位值

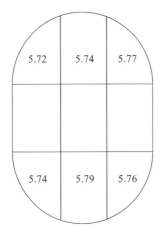
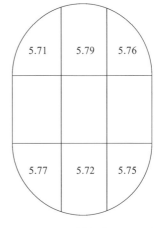

图 2-26h　负浮力 5% 条件下,上盖板吃水 2.4 m 时,下桶各舱内的水位值

图 2-26i　负浮力 5% 条件下,上盖板吃水 3.0 m 时,下桶各舱内的水位值

表 2-5 中给出了负浮力 5% 条件下,下桶上盖板不同沉放深度时,沉放吊缆的缆绳张力最大值。从表 2-5 中可以看出,在负浮力为 5% 时,桶式基础结构沉放吊缆的缆绳张力最大值为 238.7 t,缆绳张力最小值为 224.9 t。最大值约为最小值的 1.06 倍,因此同样可以发现,在负浮力 5% 条件下,不同沉放深度时,沉放吊缆的缆绳张力值基本保持不变,缆绳张力的差值可以认为是由于试验过程中桶式基础结构初始倾斜角度的差异产生的。

表 2-5　负浮力 5% 条件下,不同沉放深度时的缆绳张力最大值

沉放深度/m	0.3	0.6	0.9	1.2	1.5	1.8	2.1	2.4	3.0
缆绳张力最大值/t	227.4	231.9	229.5	226.8	231.1	228.7	224.9	230.3	238.7

2.4.2.3　负浮力 8% 条件下的试验结果

图 2-27 系列给出了负浮力 8% 条件下,不同沉放深度时,下桶各舱内的气压值。从图 2-27 系列中可以看出,与负浮力 5% 条件下的试验结果相比,负浮力 8% 条件下,不同沉放深度时,下桶各舱内气压值同样略有减小,这种现象与负浮力 5% 条件下的规律是一致的。在下桶上盖板吃水 0.3 m 时,下桶舱内气压最大值为 49.86 kPa,最小值为 48.17 kPa,各舱内气压值差别不大。随着桶式基础结构沉放深度的增加,下桶各舱内的气压值逐渐增大,但同一沉放深度下,各舱内的气压值相差不大。沉放深度为 3.0 m 时,下桶舱内气压最大值为 65.69 kPa,最小值为 64.97 kPa。

图 2-28 系列给出了负浮力 8% 条件下,不同沉放深度时,下桶各舱内的水位值。从图 2-28 系列中可以看出,在负浮力 8% 条件下,不同沉放深度时,桶式基础结构下桶各舱内的水位值在 6.25~6.50 m 之间变化,与负浮力 3%、负浮力 5% 条件下各舱内水位值基本保持不变的规律是一致的。但负浮力 8% 条件下的下桶各舱内的水位值较负浮力 5% 条件下的略有增大,产生这种现象的原因是桶式基础结构的负浮力增大,各舱内的气压值减小。

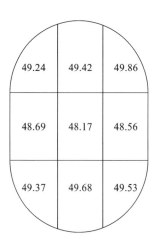

图 2-27a 负浮力 8%条件下,上盖板吃水 0.3 m 时,下桶各舱内的气压值

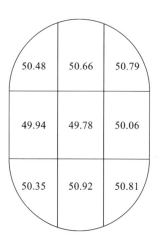

图 2-27b 负浮力 8%条件下,上盖板吃水 0.6 m 时,下桶各舱内的气压值

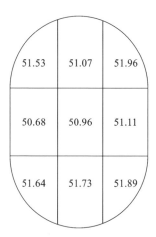

图 2-27c 负浮力 8%条件下,上盖板吃水 0.9 m 时,下桶各舱内的气压值

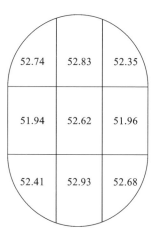

图 2-27d 负浮力 8%条件下,上盖板吃水 1.2 m 时,下桶各舱内的气压值

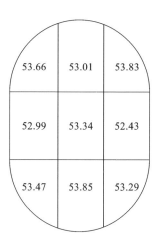

图 2-27e 负浮力 8%条件下,上盖板吃水 1.5 m 时,下桶各舱内的气压值

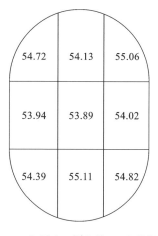

图 2-27f 负浮力 8%条件下,上盖板吃水 1.8 m 时,下桶各舱内的气压值

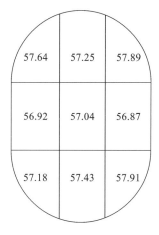

图 2-27g 负浮力 8%条件下,上盖板吃水 2.1 m 时,下桶各舱内的气压值

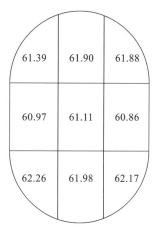

图 2-27h 负浮力 8%条件下,上盖板吃水 2.4 m 时,下桶各舱内的气压值

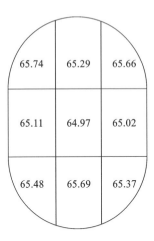

图 2-27i 负浮力 8% 条件下,上盖板吃水 3.0 m 时,下桶各舱内的气压值

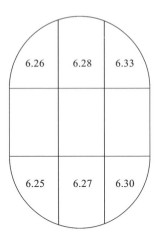

图 2-28a 负浮力 8% 条件下,上盖板吃水 0.3 m 时,下桶各舱内的水位值

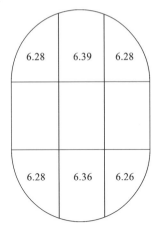

图 2-28b 负浮力 8% 条件下,上盖板吃水 0.6 m 时,下桶各舱内的水位值

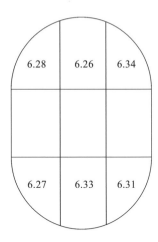

图 2-28c 负浮力 8% 条件下,上盖板吃水 0.9 m 时,下桶各舱内的水位值

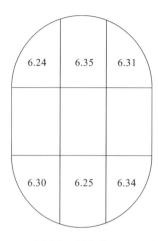

图 2-28d 负浮力 8% 条件下,上盖板吃水 1.2 m 时,下桶各舱内的水位值

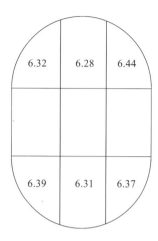

图 2-28e 负浮力 8% 条件下,上盖板吃水 1.5 m 时,下桶各舱内的水位值

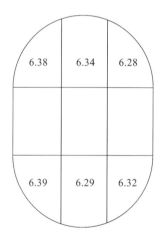

图 2-28f 负浮力 8% 条件下,上盖板吃水 1.8 m 时,下桶各舱内的水位值

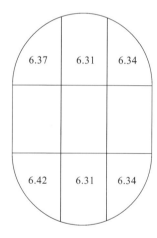

图 2-28g 负浮力 8% 条件下,上盖板吃水 2.1 m 时,下桶各舱内的水位值

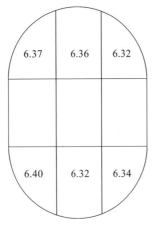
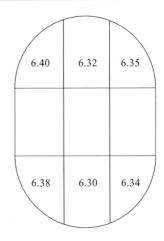

图 2-28h　负浮力 8% 条件下,上盖板吃水 2.4 m 时,下桶各舱内的水位值　　图 2-28i　负浮力 8% 条件下,上盖板吃水 3.0 m 时,下桶各舱内的水位值

表 2-6 中给出了负浮力 8% 条件下,下桶上盖板不同沉放深度时,沉放吊缆的缆绳张力最大值。从表 2-6 中可以看出,在负浮力为 8% 时,桶式基础结构沉放吊缆的缆绳张力最大值为 342.9 t,缆绳张力最小值为 318.6 t。最大值约为最小值的 1.08 倍,因此同样可以发现,在负浮力 8% 条件下,不同沉放深度时,沉放吊缆的缆绳张力值基本保持不变,缆绳张力的差值可以认为是由于试验过程中桶式基础结构初始倾斜角度的差异产生的。

表 2-6　负浮力 8% 条件下,不同沉放深度时的缆绳张力最大值

沉放深度/m	0.3	0.6	0.9	1.2	1.5	1.8	2.1	2.4	3.0
缆绳张力最大值/t	318.6	337.5	329.4	342.9	321.3	324.0	328.8	332.6	321.8

2.4.2.4　负浮力 10% 条件下的试验结果

图 2-29 系列给出了负浮力 10% 条件下,不同沉放深度时,下桶各舱内的气压值。从图 2-29 系列中可以看出,与负浮力 8% 条件下的试验结果相比,负浮力 10% 条件下,不同沉放深度时,下桶各舱内气压值同样略有减小,这种现象与负浮力 5%、负浮力 3% 条件下的规律是一致的。在下桶上盖板吃水 0.3 m 时,下桶舱内气压最大值为 49.24 kPa,最小值为 46.96 kPa,各舱内气压值差别不大。随着桶式基础结构沉放深度的增加,下桶各舱内的气压值逐渐增大,但同一沉放深度下,各舱内的气压值相差不大。沉放深度为 3.0 m 时,下桶舱内气压最大值为 64.61 kPa,最小值为 62.21 kPa。

图 2-30 系列给出了负浮力 10% 条件下,不同沉放深度时,下桶各舱内的水位值。从图 2-30 系列中可以看出,在负浮力 10% 条件下,不同沉放深度时,桶式基础结构下桶各舱内的水位值在 6.55~6.90 m 之间变化,与负浮力 3%、负浮力 5%、负浮力 8% 条件下各舱内水位值基本保持不变的规律是一致的。但负浮力 10% 条件下的下桶各舱内的水位值较负浮力 8% 条件下的略有增大。

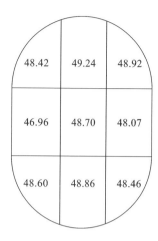

图 2-29a 负浮力 10%条件下,上盖板吃水 0.3 m 时,下桶各舱内的气压值

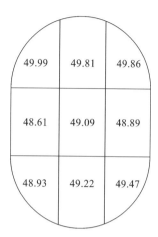

图 2-29b 负浮力 10%条件下,上盖板吃水 0.6 m 时,下桶各舱内的气压值

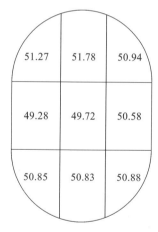

图 2-29c 负浮力 10%条件下,上盖板吃水 0.9 m 时,下桶各舱内的气压值

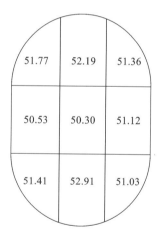

图 2-29d 负浮力 10%条件下,上盖板吃水 1.2 m 时,下桶各舱内的气压值

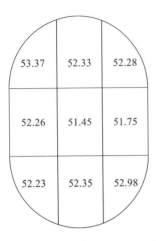

图 2-29e 负浮力 10%条件下,上盖板吃水 1.5 m 时,下桶各舱内的气压值

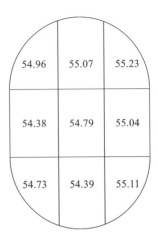

图 2-29f 负浮力 10%条件下,上盖板吃水 1.8 m 时,下桶各舱内的气压值

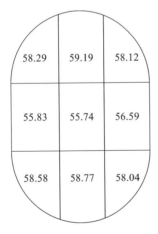

图 2-29g 负浮力 10%条件下,上盖板吃水 2.1 m 时,下桶各舱内的气压值

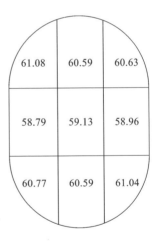

图 2-29h 负浮力 10%条件下,上盖板吃水 2.4 m 时,下桶各舱内的气压值

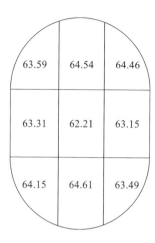

图 2-29i　负浮力 10%条件下,上盖板吃水 3.0 m 时,下桶各舱内的气压值

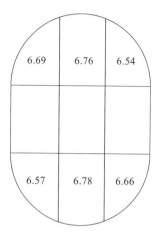

图 2-30a　负浮力 10%条件下,上盖板吃水 0.3 m 时,下桶各舱内的水位值

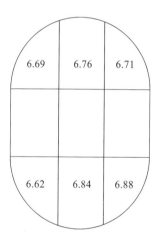

图 2-30b　负浮力 10%条件下,上盖板吃水 0.6 m 时,下桶各舱内的水位值

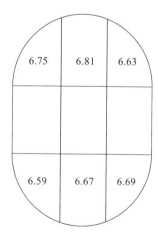

图 2-30c　负浮力 10%条件下,上盖板吃水 0.9 m 时,下桶各舱内的水位值

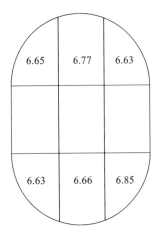

图 2-30d 负浮力 10% 条件下,上盖板吃水 1.2 m 时,下桶各舱内的水位值

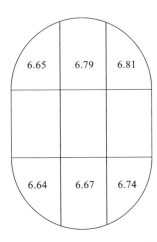

图 2-30e 负浮力 10% 条件下,上盖板吃水 1.5 m 时,下桶各舱内的水位值

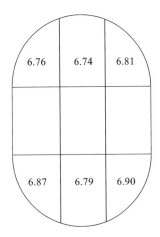

图 2-30f 负浮力 10% 条件下,上盖板吃水 1.8 m 时,下桶各舱内的水位值

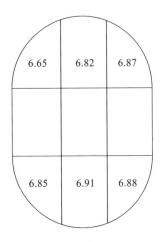

图 2-30g 负浮力 10% 条件下,上盖板吃水 2.1 m 时,下桶各舱内的水位值

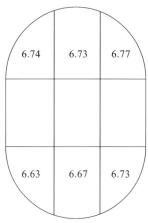
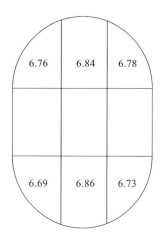

图 2-30h　负浮力 10% 条件下,上盖板吃水 2.4 m 时,下桶各舱内的水位值　　图 2-30i　负浮力 10% 条件下,上盖板吃水 3.0 m 时,下桶各舱内的水位值

表 2-7 中给出了负浮力 10% 条件下,下桶上盖板不同沉放深度时,沉放吊缆的缆绳张力最大值。从表 2-7 中可以看出,在负浮力为 10% 时,桶式基础结构沉放吊缆的缆绳张力最大值为 417.5 t,缆绳张力最小值为 399.6 t。最大值约为最小值的 1.04 倍,因此同样可以发现,在负浮力 10% 条件下,不同沉放深度时,沉放吊缆的缆绳张力值基本保持不变,缆绳张力的差值可以认为是由于试验过程中桶式基础结构初始倾斜角度的差异产生的。

表 2-7　负浮力 10% 条件下,不同沉放深度时的缆绳张力最大值

沉放深度/m	0.3	0.6	0.9	1.2	1.5	1.8	2.1	2.4	3.0
缆绳张力最大值/t	402.5	412.3	405.7	407.8	402.9	410.7	417.5	404.1	399.6

图 2-31 系列给出了不同负浮力条件下的缆绳张力试验曲线,从图 2-31 系列中可以看出,在沉放试验过程中,随着负浮力的增大,在给定初始偏移角度后,缆绳张力相对剧烈变化的时间越来越短,这反映出桶式基础结构在沉放过程中的运动响应特性,即负浮力越小,桶式基础结构的运动幅值越大,恢复到静止状态的时间越长。因此,在制定施工方案时应综合考虑沉放吊缆的缆绳张力与桶式基础运动响应幅值来确定合理的沉放负浮力。

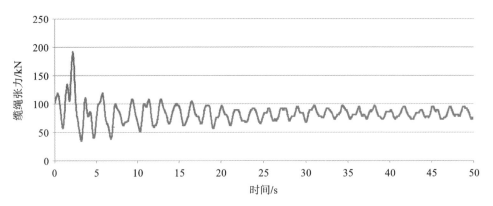

图 2-31a 负浮力 3%条件下,沉放吊缆的缆绳张力试验曲线

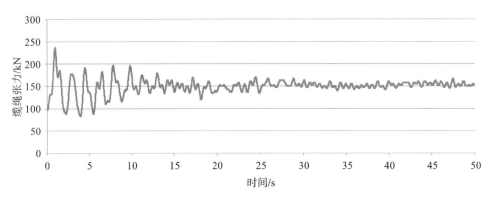

图 2-31b 负浮力 5%条件下,沉放吊缆的缆绳张力试验曲线

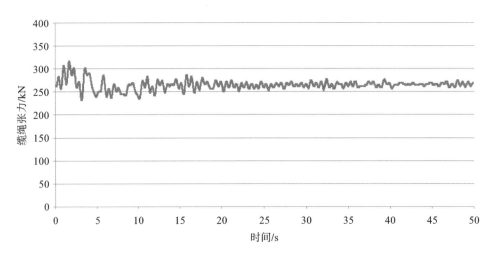

图 2-31c 负浮力 8%条件下,沉放吊缆的缆绳张力试验曲线

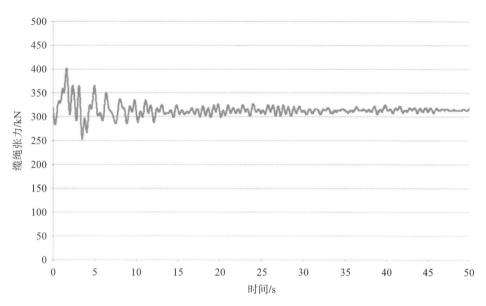

图 2-31d 负浮力 10%条件下,沉放吊缆的缆绳张力试验曲线

2.5 桶式基础结构浮游稳定性计算公式

2.5.1 桶式基础结构浮游稳定性理论基础

桶式基础结构可利用桶舱内封闭气体排开水体产生的浮力将结构浮起。气浮体与普通浮体具有显著的差异性:普通浮体相当于具有刚性基础的结构支承于水弹性基础上,由于气体的可压缩性,气浮体则相当于具有柔性基础的结构支承于水弹性基础上,因此气浮体的稳定计算与普通浮体的稳定计算存在差异,但是两类浮体都支撑于水弹性基础上,依靠排水提供浮力,又具有相似性。桶式基础结构利用浮游稳定性理论计算应满足以下假设条件:

(1)结构内气体不能外溢;
(2)气体状态转换时间忽略不计,直接由一种状态转换为另一种状态;
(3)结构内气体各向压强相同,内水位面始终为平面;
(4)以初始浮心位置为原点建立 XOY 坐标系, X 轴平行于结构底边线, Y 轴垂直于结构底边线;
(5)以初始浮心位置为原点建立 $X0OY0$ 坐标系, $X0$ 轴平行于水位线, $Y0$ 垂直于水位线;

(6) 静水中；

(7) 计算过程中总浮力保持不变，即总排水体积不变。

桶式基础结构浮游稳定性计算简图如图 2-32 所示。

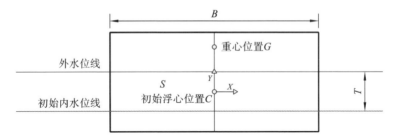

图 2-32　桶式基础结构浮游稳定性计算简图

桶式基础结构转动 θ 角后，瞬时桶式基础结构浮游稳定性计算简图如图 2-33 所示。

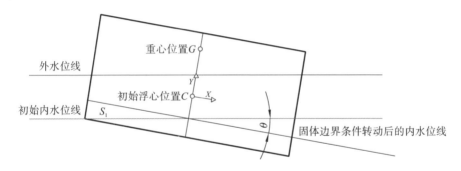

图 2-33　转动 θ 角，瞬时桶式基础结构浮游稳定性计算简图

桶式基础结构转动 θ 角后，当舱内密闭气体压强稳定后，桶式基础结构浮游稳定性计算简图如图 2-34 所示。

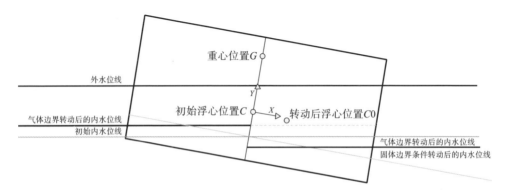

图 2-34　转动 θ 角，舱内气压稳定后，桶式基础结构浮游稳定性计算简图

由图 2-34 可知，相对于 XOY 坐标系的不平衡面积 S_1：

$$S_1 = \frac{1}{2} \times \frac{1}{2}B \times \frac{1}{2}B \times \tan\theta \tag{2-7}$$

相对于 XOY 坐标系的不平衡面积矩为

$$S_C = 2 \times S_1 \times \frac{1}{2} \times \frac{1}{2}B = \frac{1}{16} \times B^3 \times \tan\theta \tag{2-8}$$

相对于 XOY 坐标系转动后浮心 $C0$ 的 X_{C0} 为

$$X_{C0} = \frac{S_C}{S} = \frac{1}{16} \times \frac{B^3 \tan\theta}{S} \tag{2-9}$$

此时,桶式基础结构浮游稳定性相对转换坐标系计算简图如图 2-35 所示。

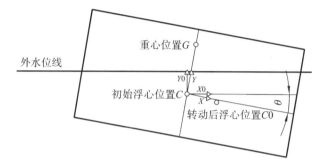

图 2-35 转动 θ 角,舱内气压稳定后,桶式基础结构浮游稳定性相对转换坐标系计算简图

相对于 $X0OY0$ 坐标系转动后浮心 $C0$ 的 $X0_{C0}$ 为

$$X0_{C0} = X_{C0} \times \cos\theta = \frac{1}{16} \times \frac{B^3 \sin\theta}{S} \tag{2-10}$$

相对于 $X0OY0$ 坐标系转动后重心 G 的 $X0_G$ 为

$$X0_G = (Y_G - Y_C) \times \sin\theta \tag{2-11}$$

式中:Y_G——结构重心初始坐标系下的 Y 向坐标;

Y_C——结构浮心初始坐标系下的 Y 向坐标。

可以得出,当 $X0_{C0} > X0_G$ 时,重力向下,浮力向上形成扶正力矩,使结构恢复平衡,因此桶式基础结构浮游稳定。

根据以上公式可以归纳出桶式基础结构浮游稳定性计算通式为

$$X0_{C0} = \frac{12}{16} \times \frac{B^3 \sin\theta}{12S} = \frac{3}{4}\rho\sin\theta \tag{2-12}$$

$$\rho = \frac{B^3}{12S} = \frac{1 \times B^3}{12(1 \times S)} = \frac{I}{V} \tag{2-13}$$

式中:1——另一方向的单位宽度;

I——结构初始水平截面惯性矩;

V——产生浮力的初始排水体积;

ρ——定倾半径。

最后,可以得出桶式基础结构浮游稳定性判别式为

$$\frac{3}{4}\rho - (Y_G - Y_C) \geqslant 0 \qquad (2\text{-}14)$$

在上桶重量不变的情况下,上桶的外形不对桶式基础结构的浮游稳定性产生影响。因此,可根据桶式基础结构下桶隔舱的数量 n 将浮游稳定性判别式(2-14)推广为通用桶式基础结构浮游稳定性判别式,即

$$\frac{n^2-1}{n^2}\rho - (Y_G - Y_C) \geqslant 0 \qquad (2\text{-}15)$$

式中:n——隔舱数,指沿桶式基础结构下桶不同方向上分舱的数量。

2.5.2 桶式基础结构浮游稳定性计算算例

1. 桶式基础结构处于入水状态时

根据试验结果可知,下桶外侧吃水为 6.9 m 时,封底水高度为 0.92 m。此时桶式基础结构浮游稳定性判别式中的相关参数如下:

结构水平截面惯性矩 $I = 14700 \text{ m}^4$

排水体积 $V = 2460 \text{ m}^3$

定倾半径 $\rho = \dfrac{I}{V} = \dfrac{14700}{2460} = 5.98 \text{ m}$

重心半径 $Y_G = 8.68 \text{ m}$

浮心半径 $Y_C = 3.93 \text{ m}$

将以上各参数代入浮游稳定性判别式可得

$$\frac{3^2-1}{3^2}\rho - (Y_G - Y_C) = \frac{8}{9} \times 5.98 - (8.68 - 3.93) = 0.566 \text{ m} \geqslant 0$$

在此状态下,桶式基础结构的转角不得大于 4.6°,否则桶式基础结构下桶封舱内的气体将会溢出。试验过程中,转角大于 4.6°时,封舱水从舱体脱落,导致舱内气体出现泄漏,结构失去恢复平衡的能力,进而导致结构失稳。

2. 桶式基础结构下桶吃水 9 m 时

根据试验结果可知,下桶外侧吃水为 9 m 时,封底水高度为 3.23 m。此时桶式基础结构浮游稳定性判别式中的相关参数如下:

结构水平截面惯性矩 $I = 14700 \text{ m}^4$

排水体积 $V = 2460 \text{ m}^3$

定倾半径 $\rho = \dfrac{I}{V} = \dfrac{14700}{2460} = 5.98 \text{ m}$

重心半径 $Y_G = 8.75 \text{ m}$

浮心半径 $Y_C = 5.98 \text{ m}$

将以上各参数代入浮游稳定性判别式可得

$$\frac{3^2-1}{3^2}\rho-(Y_G-Y_C)=\frac{8}{9}\times 5.98-(8.75-5.98)=2.55 \text{ m}$$

在此状态下,桶式基础结构的转角不得大于 15.6°,否则桶式基础结构下桶封舱内的气体将会溢出。试验过程中,转角大于 15.6°时,封舱水从舱体脱落,导致舱内气体出现泄漏,结构失去恢复平衡的能力,进而导致结构失稳。

第 3 章　钢质桶式基础结构有限元分析

3.1　有 限 元 法

3.1.1　有限元法简介

有限元法(finite element method,FEM)可以看作是在力学模型上进行近似计算的一种方法。基本概念是用较简单的问题代替复杂的问题后再求解。有限元法是建立在变分原理和加权余量法基础上的一种方法,其基本思想是把计算区域划分为有限个互不重叠的单元格,在每个单元格内部,选择合适的节点作为求解的插值点,并将此微分方程中的变量改成由各变量或者其导数的节点值与所选的插值函数所组成的线性表达式,用变分原理或加权余量法求解。

有限元法方程建立的步骤如下：

(1)建立积分方程,先建立与微分法初边值问题等价的积分表达式,这是有限元法的出发点。

(2)区域单元划分,是依据求解区域的形状及其实际问题的物理特性,将求解区域划分为若干相互连接且不重叠的单元格。

(3)确定单元基函数,选择满足一定条件的函数作为单元基函数。有限元法中的基函数是在单元格中选取的,由于各单元格具有规则的几何形状,所以在选取基函数时要遵循一定的法则。

(4)单元分析,将各个单元中的求解函数用单元基函数的线性组合表达式进行逼近；将近似函数代入积分方程中,然后对单元区域进行积分,即可获得带有特定系数的代数方程组,即单元有限元方程。

3.1.2　计算模型的非线性

在结构力学模拟中有三种非线性：材料非线性、几何非线性、边界非线性。在 ABAQUS 分析中同样也包含这三种非线性问题,非线性模拟在 ABAQUS 软件中较常见。所有的物理结构都是非线性的,而线性分析只是对真实世界的一种近似,在一定范围内可以满足所需要的精度要求。本书采用 ABAQUS 软件进行模拟的过程中也包含这三种非线性关系。只有正确模拟这三种非线性关系,才能较为真实地反映出结构之间的相互作用现象。

3.1.2.1 材料非线性

材料非线性是由于材料的应力-应变非线性关系而导致结构响应的非线性。材料在小应变时的性质基本为非线性,即材料的弹性模量为常数,但在高应变和高应力的状态下,材料会发生屈服,往往表现出非线性的特性,通常称之为塑性。相比较金属等工程材料,土体有其特有的本构关系,也就是土体应力-应变关系。

对于小变形时的非线性,一半会比较多的采用弹性理论。然而,实际当中土体很少会出现完全弹性的情况,弹性理论只能在很小的一个应力空间内完全确定土的应力-应变响应,超过这个区域,就会出现塑性变形。通常认为土体只有在剪切变形 $\varepsilon < \varepsilon_0 \approx 10^{-5}$ 时,变形才是完全的弹性情况。

在岩土工程中主要应用的是 Mohr-Coulomb(摩尔-库仑)模型、扩展的 Drucker-Prager 模型,修正的 Drucker-Prager 盖帽模型等。本书在 ABAQUS 模拟大直径圆筒与内填土相互作用时,采用的是 Mohr-Coulomb 模型。

Mohr-Coulomb 屈服准则是 Coulomb 摩擦定律在一般应力状态下的推广。实际上,这个准则确保了材料单元内的任意平面都符合 Coulomb 摩擦定律。

3.1.2.2 几何非线性

几何非线性是指位移过大而引起结构响应的非线性问题,一般是由大挠度、大转动造成的。在模拟岩土工程中,都需要平衡初始地应力。在定义土体的初始应力时应当满足以下条件。

(1)平衡条件:由应力场形成的等效节点荷载要与外荷载保持平衡。

(2)屈服条件:若用直接定义高斯点上的应力状态的方法施加初始地应力,会出现不合理的情况。这样的计算可能不收敛。

ABAQUS 中初始地应力有其特有的施加方法。对于地基而言,一般是把上覆土体重力产生的压力作为垂向应力,再通过侧压力系数 K_0 建立水平应力与垂向应力之间的关系,由经典的土压力理论,可知沿自重方向的垂向应力 σ_z 与相应点的水平应力 σ_x、σ_y 的关系为

$$\sigma_z = \sum_{i=1}^{n} r_i h_i \tag{3-1}$$

$$\sigma_x = \sigma_y = K_0 \sigma_z \tag{3-2}$$

然而,在 ABAQUS 软件中有专门施加地应力的命令,即"*Geoststic",此分析步可作为岩土工程分析的第一步,用来施加体积应力。理想情况下,该作用可认为与土体的初始地应力维持平衡,从而使土体无初始位移。

在此分析步中，ABAQUS 中的 standard 命令会对土体是否处于平衡状态进行检查，从而获得与给定的边界条件与荷载条件平衡的初始地应力场。

3.1.2.3 边界非线性

在有限元分析中，"接触"是一种典型的非线性问题。

接触面间的相互作用包含两个部分：一是法向作用，二是切向作用。ABAQUS 软件对这两个部分分别定义。

(1) 接触面的法向模型。

接触面法向行为较为明确，当两物体在压紧状态下才能传递压力 p，此时在 ABAQUS 中用硬接触命令即可模拟。

(2) 接触面的切向模型。

当接触面处于闭合状态（即有法向接触压力 p）时，接触面可以传递切向力，即摩擦力。若摩擦力小于某一极限值如 τ_{crit} 时，ABAQUS 可认为接触面处于黏结状态；若摩擦力大于 τ_{crit}，接触面开始出现相对滑动变形，出现滑移状态。

3.1.3 接触面理论及接触对定义的关键问题

3.1.3.1 接触面理论

采用 ABAQUS 模拟土体与挡土结构的相互作用，在土体与墙体的接触区域设置主从接触点对，以模拟筒与土体间的黏结、滑移、脱离和闭合等现象。

采用 Coulomb 摩擦模型描述接触面的摩擦特性，当接触面处于闭合状态（即有法向接触压力 p）时，接触面可以传递切向应力，或称摩擦力。若摩擦力小于某一极限值 τ_{crit} 时，ABAQUS 认为接触面处于黏结状态；若摩擦力大于 τ_{crit} 之后，接触面开始出现相对滑动变形，称为滑移状态。ABAQUS 中默认采用 Coulomb 定律计算极限切应力：

$$\tau_{crit} = \mu p \tag{3-3}$$

式中：μ 是摩擦系数，可以随剪切速率、温度或其他场变量变化。ABAQUS 会根据接触面上单元的长度确定弹性滑移变形（默认为单元典型长度的 0.5%，用户也可以自己给定），然后自动选择罚摩擦（penalty）计算方法中的刚度。

接触面法向相互作用，两物体只有在压紧状态时才能传递法向压力 p，若两物体间有间隙（clearance）时不传递法向应力，这种法向行为在 ABAQUS 中称为硬（hard）接触，这种法向行为在计算中限制了可能发生的穿透现象，但当接触条件从"开"（间隙为正）到"闭"（间隙为零）时，接触压力会发生剧烈的变化，有时使得接触计算很难收敛。岩土工程中有时可能认为接触面具有黏聚力，因而在脱开之前能承受一定的拉力，此时可以指定一个能承受的拉力 p_{max}，当拉力超过 p_{max} 之后，ABAQUS

才认为接触面脱开,接触压力变为零。同时,也可以指定一个 h_{max},当过盈量(负的间距)超过 h_{max} 之后,ABAQUS 认为接触面从脱开转为闭合。

3.1.3.2 接触对定义中的关键问题

(1)接触对中面的离散方法。

ABAQUS 提供了点对面离散方法和面对面离散方法。一般情况下,面对面离散方法得到的应力和接触面法向压力精度要高于点对面离散方法。但有时在网格划分导致的几何形状精确度不够的情况下,这两种方法的精度都不能令人满意。面对面离散方法需要分析整个从属面上的接触行为,其计算代价要高于点对面离散方法。一般情况下,这两种方法的计算代价相差不是很悬殊,但在以下三种情况中,面对面离散方法的计算代价要高得多:①模型中的大部分区域都涉及接触问题;②主控面的网格比从属面的网格细很多;③多层板(壳)的互相接触问题。

(2)接触跟踪方法。

在力学问题的接触模拟中,ABAQUS 包含两种反映接触面相对移动的跟踪方法:有限滑动(finite sliding)方法和小滑动(small sliding)方法。

①有限滑动方法:ABAQUS 将在分析过程中不断地判断各个从属面节点与主控面的哪一部分发生了接触。如果两个接触面之间的相对滑动或转动量较大(通常大于接触面上的单元典型尺寸),应选择有限滑动方法,它允许接触面之间出现任意大小的相对滑动和转动,并且计算成本较高。

②小滑动方法:ABAQUS 在分析的开始就确定了各个从属面节点与主控面的接触状态,并在整个分析过程中保持这些关系不变。如果两个接触面之间的相对滑动或转动量很小(例如小于接触面上典型单元尺寸的 20%),就可以选择小滑动方法。如果分析步中打开了几何非线性选项,小滑动方法要考虑主控面的转动和变形及由此改变的荷载路径,随着荷载路径的改变而改变接触力。如果在模型中没有几何非线性,则忽略主控面的转动和变形,荷载的路径维持不变。小滑动方法的计算成本较低。

(3)主控面和从属面。

①选择主控面和从属面的基本原则。

因为存在严格的主-从关系,所以必须小心地选择主从接触面以获得最佳的接触分析结果。刚性面应是主控面;基于节点定义的面只能是从属面,并且只能应用点对面离散方法;接触对中的两个面不能都是刚性面,除非某一刚性面是基于变形体定义的;如果一个面积较小的面与较大的面接触,最好选择小面为从属面;选取刚度大的面作为主控面,这里的"刚度"指材料特性和结构刚度;若两个接触面的刚度相似,则选取粗糙网格的面作为主控面。

②接触中面的特殊要求。

面的法线方向:在接触模拟中应保证从属面处于主控面法线方向所指的一侧,否则计算不能收敛。另外,在面对面离散中,如果主、从面的法线方向相同,将不会考虑接触。

面的连续性:大多数情况下,ABAQUS接触中可以考虑不连续的面。但是有限滑动、点对面离散接触中的主控面必须是连续的。

面的光滑性:当采用点对面离散方法时,主控面上锯齿状的节点可能穿透从属面,某些情况下,这些角点将妨碍从属面节点的滑动。为了减少这种现象,ABAQUS会采用点对面离散方法对主控面进行光滑。这一点对于有限滑动、点对面离散的分析尤其重要,否则主控面的法线方向会出现不连续的变化,容易出现收敛问题。当采用面对面离散方法时,ABAQUS不会对主控面进行自动光滑。但由于面对面离散方法是在类似平均的意义上建立接触条件的,某种程度上主控面是内在的光滑面。

3.2 有限元计算模型

3.2.1 桶体受力分析

本书所述桶式基础是由9个单桶组成的组合结构,为方便研究,取单个桶体进行分析。单个钢桶下沉受力分析示意图如图3-1所示,设纵坐标为泥面以下深度z,桶壁厚度为t,单个钢桶内径、外径和平均直径分别为D_i、D_o和D,因此$D_i = D_o - 2t$,$D = (D_i + D_o)/2$。单个桶体的总高度为H_0,入土深度为H,桶内土塞高出泥面高度为H_p。水的容重和土的浮容重分别为γ_w和γ'。单个钢桶下沉过程中外部驱动力为F,桶的有效重量为W',桶内外壁摩阻力分别为Q_i和Q_o,桶壁底部端承力为Q_t。

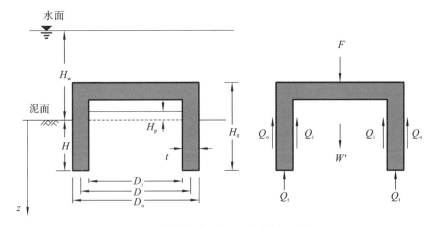

图3-1 单个钢桶下沉受力分析示意图

3.2.2 桶体受力情况

由于钢桶的受力情况与其下沉深度及水位高低有关,本书采用 5 m、9 m、13 m、17 m 四种埋深,0 m 水位、极端低水位(1 m)、极端高水位(5 m)三种水位共计 12 种工况,进行数值模拟,研究钢桶内力分布情况。

(1)埋深 5 m。

埋深 5 m,极端低水位(1 m)时,桶体有 3 m 位于水面以上,需要抽真空下沉,考虑最不利情况,桶内可提供 0.9 个负大气压,因此,桶体会受到 0.9 个大气轴压以及围压作用;0 m 水位时,桶体有 4 m 位于水面以上,需要抽真空下沉,考虑最不利情况,桶内可提供 0.9 个负大气压,因此,桶体会受到 0.9 个大气轴压(轴向压力)以及围压(外围压力)作用;极端高水位(5 m)时,桶顶位于水下 1 m,此时需要抽水形成压差下沉,考虑最不利情况,可提供 0.3 个负大气压,因此轴向会受到 0.3 个大气压力以及 1 m 水头压力,共计 0.4 个大气压力,径向受到 1 m 水头压力,计 0.1 个大气压力,桶体仅进入淤泥层。埋深 5 m 时的桶体受力情况如图 3-2 所示。

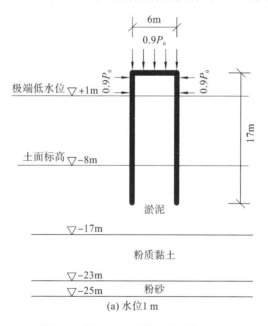

(a) 水位 1 m

图 3-2 埋深 5 m 时的桶体受力情况

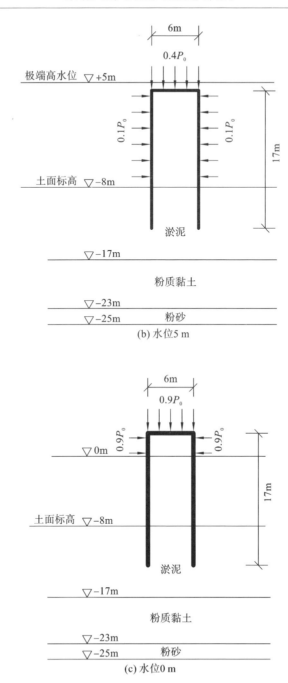

续图 3-2

(2)埋深 9 m。

埋深 9 m,极端低水位(1 m)、0 m 水位和极端高水位(5 m)时,桶顶分别位于水下 1 m、水面和水下 5 m,此时需要抽水形成压差下沉。极端低水位(1 m)时,考虑最不利情况，可提供0.3个负大气压，因此轴向会受到0.3个大气压力以及1 m水头压力，共计0.4个大气压力，径向受到0.1个大气压力；0 m水位时，考虑最不利情况，可提供0.3个负大气压，因此轴向会受到0.3个大气压力，径向不受力；极端高水位（5 m）时，考虑最不利情况，可提供0.3个负大气压，因此轴向会受到0.3个大气压力以及5 m水头压力，共计0.8个大气压力，径向受到0.5个大气压力，桶体达到粉质黏土层顶面。埋深9 m时的桶体受力情况如图3-3所示。

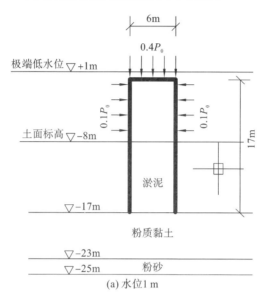

(a) 水位1 m

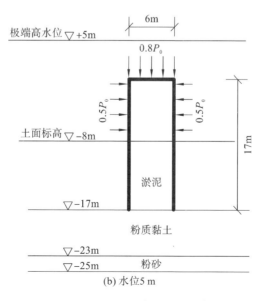

(b) 水位5 m

图3-3　埋深9 m时的桶体受力情况

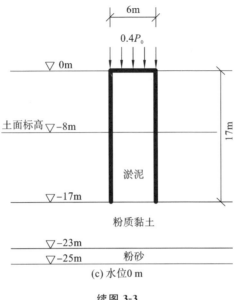

(c) 水位 0 m

续图 3-3

(3) 埋深 13 m。

埋深 13 m 与埋深 9 m 时的受力情况基本相同,只是此时水头较大,即提供的轴压和围压更大,且桶体已进入粉质黏土层。埋深 13 m 时的桶体受力情况如图 3-4 所示。

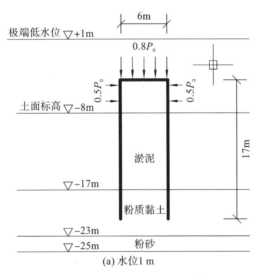

(a) 水位 1 m

图 3-4 埋深 13 m 时的桶体受力情况

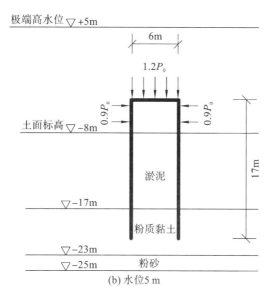

(b) 水位5 m

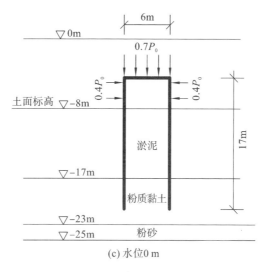

(c) 水位0 m

续图 3-4

(4)埋深 17 m。

当桶体全部进入土层,即埋深 17 m 时,与埋深 9 m、13 m 的受力情况基本相同,只是此时水头更大,即提供的轴压更大,且桶体已进入粉砂土层,桶内围压近似抵消。埋深 17 m 时的桶体受力情况如图 3-5 所示。

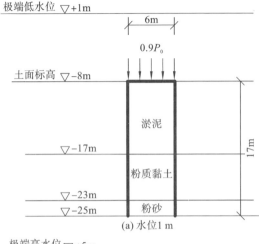

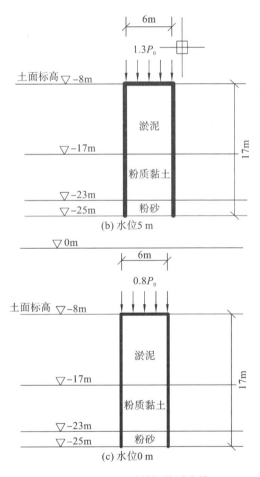

图 3-5　埋深 17 m 时的桶体受力情况

3.2.3 桶体模型计算域及边界条件的设置

地基土体尺寸选取时,为了有效地消除远处边界约束效应,根据经验,在桶体承受荷载的前后两侧取其10倍的桶径,作为土体计算域的长度,桶底以下地基土体的高度取3倍桶径,地基土体模型见图3-6。针对桶体结构在实际工程中的受力情况,该有限元模型对计算土体的边界约束条件进行如下设置:由于假设地基土体表面不受其他荷载,所以设置为自由边界;土体底面在实际中可以看成是固定不产生位移的,所以设置为固定边界;土体的外围只释放了竖向位移,所以设置为侧限边界。

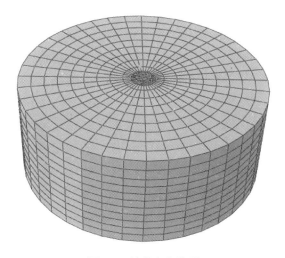

图 3-6 地基土体模型

3.2.4 地基土体与桶体结构接触面模拟

地基土体与桶体结构的接触面模拟是本模型中最为关键的部分,接触面模拟的正确与否会直接影响到桶体结构在荷载作用下的承载力、位移、变形及稳定性等多方面的研究。在使用软件进行模拟时,为了真实地模拟土体与桶体结构的相互接触作用,在桶体结构与土体相接触的区域建立主、从接触面,考虑到桶体结构采用钢质结构,其弹性模量远远大于地基土体的变形模量,所以在模型中指定桶体结构上的接触面为主接触面,地基土体上的接触面为从接触面,有限元计算模型见图3-7。由于桶体结构相对复杂,其与地基土体的接触面比较多,为了避免在模型计算时不收敛和人为操作中的失误,在模型中只将相平行的面设置为一个面对,这样虽然增加接触面对的个数,却大大减小了计算时不收敛的可能性。在接触面上,切向采用罚函数模拟,法向采用硬接触方式,这样就能很好地模拟荷载作用下结构与周围土体间的黏结、滑移等现象。在模拟桶体结构和地基土体相互作用时,会产生较大的应力和应变,桶体结构与地基土体之间的相对滑动较小,所以滑动类型选用小滑移。本书中的土体与桶体结构接触面摩擦系数 $\mu=\tan\varphi$,φ 为土体的内摩擦角。

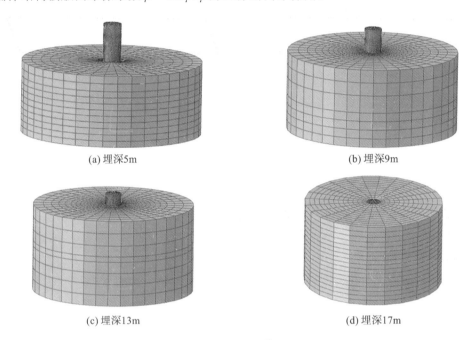

(a) 埋深5m
(b) 埋深9m
(c) 埋深13m
(d) 埋深17m

图 3-7 有限元计算模型

3.3 有限元计算分析

在有限元计算中,取不同埋深($H=9$ m,13 m,17 m)和不同水位($H_w=0$ m,1 m,5 m)的组合进行计算,不同情况下桶体的受力情况如下。

(1)埋深为 9 m 时,不同水位作用下的桶体应力分析。

埋深为 9 m 时,桶下部嵌入淤泥中,由于土面标高为 -8 m,因此 0 m 水位时,桶顶恰好与水面齐平,1 m 水位和 5 m 水位时,桶顶没入水中且距水面的距离分别为 1 m 和5 m,根据受力情况计算出不同水位下桶体的受力情况,其 Mises 应力云图见图 3-8,轴向应力云图见图 3-9,径向应力云图见图 3-10。

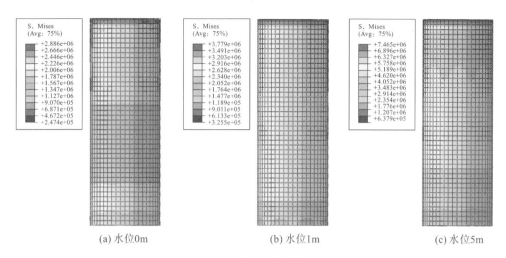

图 3-8　埋深 9 m 不同水位下桶体的 Mises 应力云图

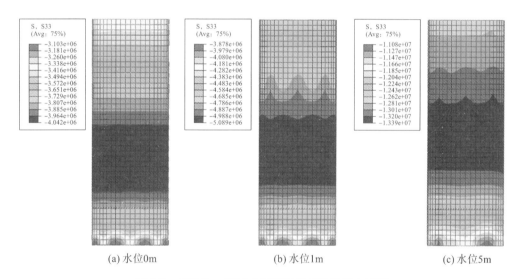

图 3-9　埋深 9 m 不同水位下桶体的轴向应力云图

同时取出埋深 9 m 不同水位下距桶顶不同距离的轴向应力值（见表 3-1）和径向应力值（见表 3-2），绘于图 3-11 中，由图 3-11 可以看出，当桶体没于水下时，水位高低对于应力的分布有很大影响：水位增大，应力值明显增大；桶体轴向应力在土面以上基本不发生变化，而在土面以下，轴向应力会逐渐减小，这是由于土体对桶体的摩擦力所致；而在 0～1 m 即盖板与桶体连接处的径向应力较大且会发生突变；随埋深增加，径向应力逐渐减小且趋于稳定，可见土体对桶体起到了支护作用，桶体径向应力最大部分发生在盖板连接处。

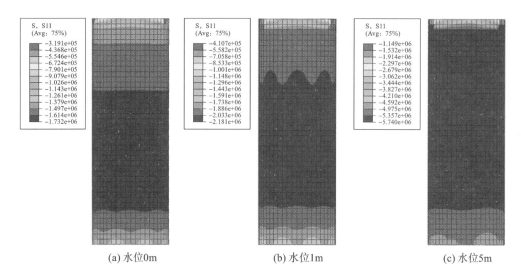

(a) 水位0m (b) 水位1m (c) 水位5m

图 3-10　埋深 9 m 不同水位下桶体的径向应力云图

表 3-1　埋深 9 m 不同水位轴向应力

距桶顶的距离/m	0 m 水位轴向应力值/Pa	+1 m 水位轴向应力值/Pa	+5 m 水位轴向应力值/Pa
0.0	−3226536	−4301846	−8600536
0.4	−3226884	−4302264	−8600464
0.8	−3228080	−4303890	−8604040
1.2	−3229199	−4305509	−8609039
1.6	−3229560	−4306180	−8611160
2.0	−3229671	−4306671	−8612341
2.4	−3229653	−4307313	−8613273
2.8	−3229611	−4308541	−8614621
3.2	−3229562	−4310962	−8617082
3.6	−3229522	−4315492	−8621602
4.0	−3229478	−4341868	−8647968
4.4	−3229453	−4381233	−8687333
4.8	−3229434	−4387104	−8693194
5.2	−3229421	−4367251	−8673331
5.6	−3229414	−4347734	−8653824
6.0	−3229402	−4329992	−8636082

续表

距桶顶的距离/m	0 m 水位轴向应力值/Pa	+1 m 水位轴向应力值/Pa	+5 m 水位轴向应力值/Pa
6.4	−3229385	−4314485	−8620605
6.8	−3229358	−4300778	−8606938
7.2	−3229309	−4292559	−8598809
7.5	−3229234	−4292064	−8598474
7.9	−3226897	−4292537	−8598977
8.3	−3217299	−4285869	−8592509
8.7	−3201659	−4272069	−8579279
9.1	−3181652	−4250272	−8555152
9.5	−3154705	−4218725	−8516365
9.9	−3120356	−4178786	−8462116
10.3	−3082035	−4132365	−8394555
10.7	−3041653	−4081403	−8318173
11.1	−2997520	−4026280	−8233230
11.5	−2946900	−3962060	−8134660
11.9	−2889910	−3890800	−8025610
12.3	−2830380	−3818470	−7913060
12.7	−2765010	−3738000	−7790620
13.1	−2694950	−3652420	−7663950
13.5	−2619800	−3559170	−7533880
13.8	−2537190	−3459910	−7397020
14.2	−2452400	−3374140	−7262570
14.6	−2359210	−3278700	−7103810
15.0	−2258040	−3159560	−6909470
15.4	−2150930	−3031560	−6710140
15.8	−2032660	−2892250	−6515280
16.2	−1898320	−2729910	−6315930
16.6	−1763750	−2569480	−6144420
17.0	−1701900	−2498610	−6075430

表 3-2 埋深 9 m 不同水位径向应力

距桶顶的距离/m	0 m 水位径向应力值/Pa	+1 m 水位径向应力值/Pa	+5 m 水位径向应力值/Pa
0.0	−298962	−389810	−754159
0.4	−282249.4	−1867608.4	−3708038.4
0.8	−1383467.2	−1844527.2	−3687447.2
1.2	−1383945.4	−1845215.4	−3689595.4
1.6	−1384097	−1845507	−3690497
2.0	−1384145	−1845715	−3691005
2.4	−1384136	−1845996	−3691406
2.8	−1384123	−1846523	−3691983
3.2	−1384099	−1847559	−3693029
3.6	−1384084	−1849494	−3694974
4.0	−1384062	−1860802	−3706272
4.4	−1384053	−1877673	−3723143
4.8	−1384043	−1880183	−3725653
5.2	−1384042	−1871682	−3717142
5.6	−1384029	−1863319	−3708779
6.0	−1384024	−1855714	−3701184
6.4	−1384017	−1849067	−3694547
6.8	−1384009	−1843189	−3688689
7.2	−1383985	−1839665	−3685205
7.5	−1383962	−1839452	−3685062
7.9	−1382950	−1839660	−3685280
8.3	−1378842	−1836802	−3682502
8.7	−1372134	−1830884	−3676834
9.1	−1363567	−1821547	−3666497
9.5	−1352016	−1808026	−3649866
9.9	−1337300	−1790910	−3626620
10.3	−1320878	−1771018	−3597668
10.7	−1303561	−1749171	−3564931
11.1	−1284654	−1725544	−3528524
11.5	−1262954	−1698024	−3486284

续表

距桶顶的距离/m	0 m 水位径向应力值/Pa	+1 m 水位径向应力值/Pa	+5 m 水位径向应力值/Pa
11.9	−1238532	−1667492	−3439552
12.3	−1213019	−1636489	−3391309
12.7	−1185006	−1601996	−3338836
13.1	−1154975	−1565325	−3284555
13.5	−1122770	−1525360	−3228810
13.8	−1087360	−1482820	−3170150
14.2	−1051026	−1446056	−3112526
14.6	−1011089	−1405159	−3044489
15.0	−967730	−1354100	−2961200
15.4	−921829	−1299239	−2875769
15.8	−871140	−1239540	−2792260
16.2	−813566	−1169956	−2706826
16.6	−755894	−1101204	−2633324
17.0	−729391	−1070831	−2603761

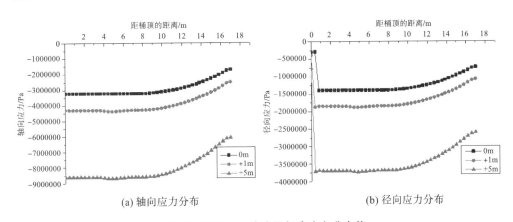

(a) 轴向应力分布　　　　　(b) 径向应力分布

图 3-11　埋深 9 m 应力沿桶高方向分布值

(2) 埋深为 13 m 时,不同水位作用下的桶体应力分析。

埋深为 13 m 时,桶体下部 4 m 嵌入粉质黏土中,上部 9 m 嵌入淤泥中。由于土面标高为 −8 m,因此 0 m、1 m 和 5 m 水位时,桶顶没入水中且距水面的距离分别为 4 m、5 m 和 9 m,三者都需要抽水下沉,根据受力情况计算出不同水位下桶体受力情况,其 Mises 应力云图见图 3-12,轴向应力云图见图 3-13,径向应力云图见图 3-14。

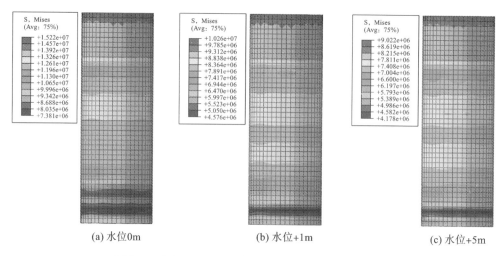

图 3-12 埋深 13 m 不同水位下桶体的 Mises 应力云图

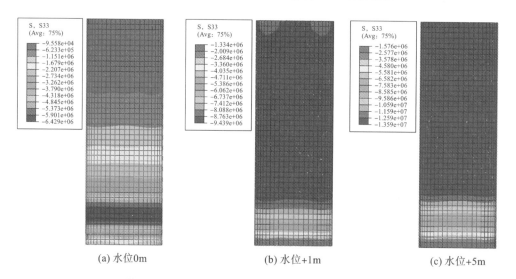

图 3-13 埋深 13 m 不同水位下桶体的轴向应力云图

同时取出埋深 13 m 不同水位下距桶顶不同距离的轴向应力值(见表 3-3)和径向应力值(见表 3-4),绘于图 3-15 中,由图 3-15 可以看出,当桶体没于水下时,水位高低对于应力的分布有很大影响:水位增大,应力值明显增大;埋深增加,轴向应力会逐渐减小,轴向应力在距桶底 2 m 处又突然变大,这是因为桶体受到土体压力的作用;桶体径向应力随埋深呈稳定趋势,在淤泥和黏土分界面发生突变,后又趋于稳定。

第 3 章 钢质桶式基础结构有限元分析

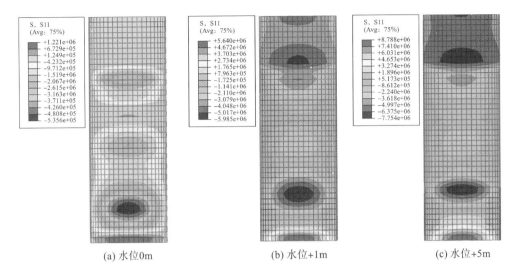

(a) 水位0m　　　　　　(b) 水位+1m　　　　　　(c) 水位+5m

图 3-14　埋深 13 m 不同水位下桶体的径向应力云图

表 3-3　埋深 13 m 不同水位轴向应力

距桶顶的距离/m	0 m 水位轴向应力值/Pa	+1 m 水位轴向应力值/Pa	+5 m 水位轴向应力值/Pa
0.0	−7547352	−8803062	−13212892
0.4	−7551286	−8681366	−13029926
0.8	−7550467	−8572567	−12864717
1.2	−7550861	−8601511	−12905271
1.6	−7548293	−8616603	−12926033
2.0	−7532601	−8622361	−12933831
2.4	−7530994	−8624794	−12936924
2.8	−7542217	−8625137	−12936767
3.2	−7547985	−8626775	−12938405
3.6	−7562541	−8625141	−12936441
4.0	−7583593	−8614523	−12925513
4.3	−7554195	−8595095	−12904915
4.7	−7498504	−8573564	−12879274
5.1	−7463262	−8546112	−12844462
5.5	−7425053	−8512763	−12804943
5.9	−7381446	−8472396	−12755176

续表

距桶顶的距离/m	0 m 水位轴向应力值/Pa	+1 m 水位轴向应力值/Pa	+5 m 水位轴向应力值/Pa
6.3	−7353859	−8429209	−12701829
6.7	−7350101	−8385751	−12650991
7.1	−7320654	−8337844	−12590144
7.5	−7265821	−8282751	−12518701
7.9	−7244070	−8221270	−12444680
8.3	−7235490	−8154190	−12360180
8.7	−7156220	−8080300	−12267460
9.1	−7012060	−7998250	−12167460
9.5	−6896360	−7910690	−12051640
9.9	−6824470	−7819700	−11931420
10.3	−6761170	−7727360	−11809840
10.7	−6699850	−7634190	−11679080
11.1	−6627890	−7540740	−11548600
11.5	−6553050	−7448110	−11419040
11.9	−6494010	−7362550	−11299250
12.3	−6411920	−7261330	−11153030
12.7	−6296070	−7107920	−10914840
13.0	−5968370	−6676700	−10066750
13.4	−5469100	−6070230	−8828780
13.8	−5029460	−5521650	−7793540
14.2	−4543670	−4900590	−6756440
14.6	−3972950	−4209280	−5707510
15.0	−3424400	−3528550	−4750020
15.4	−2860540	−2891910	−3892300
15.8	−2202180	−2250140	−3040900
16.2	−1567560	−1566090	−2139720
16.6	−976900	−914910	−1286120
17.0	−670164	−612824	−892494

表 3-4　埋深 13 m 不同水位径向应力

距桶顶的距离/m	0 m 水位径向应力值/Pa	+1 m 水位径向应力值/Pa	+5 m 水位径向应力值/Pa
0.0	−210713.6	−241022.6	−362319.6
0.4	−98513.616	−112753.316	−170080.316
0.8	−97022.183	−110860.183	−166209.183
1.2	−103688.604	−118468.604	−177441.604
1.6	−96178.502	−109945.302	−165116.302
2.0	−103191.095	−117935.095	−176878.095
2.4	−96477.47	−110298.87	−165706.87
2.8	−102665.21	−117338.21	−176025.21
3.2	−96841.56	−110717.16	−166332.16
3.6	−102388.46	−116994.46	−175432.46
4.0	−99923.06	−113862.06	−169846.06
4.3	−106930.9	−121663.9	−180393.9
4.7	−101781.2	−116109.2	−172911.2
5.1	−104996.7	−120185.7	−180247.7
5.5	−101345.1	−116092.1	−174676.1
5.9	−104553.8	−119574.8	−179350.8
6.3	−101437.1	−116006.1	−174240.1
6.7	−104015.3	−118953.3	−178420.3
7.1	−101435.8	−116063.8	−174220.8
7.5	−103075.9	−117901.9	−176852.9
7.9	−100789.4	−115294.4	−173580.4
8.3	−102418.2	−117033.2	−175602.2
8.7	−100747.5	−115146.5	−172903.5
9.1	−102274.2	−116910.2	−175593.2
9.5	−101299	−115933	−175260
9.9	−101832.4	−116396.4	−174346.4
10.3	−101198	−115748	−174802
10.7	−101490.6	−115995.6	−173840.6
11.1	−101457	−116044	−174976
11.5	−101925	−116499	−174914

续表

距桶顶的距离/m	0 m 水位径向应力值/Pa	+1 m 水位径向应力值/Pa	+5 m 水位径向应力值/Pa
11.9	−101366	−115781	−173577
12.3	−102467	−116949	−174101
12.7	−107084	−122739	−185878
13.0	−132542	−152964	−235958
13.4	−125087.2	−143532.2	−215338.2
13.8	−113939.1	−129747.1	−188323.1
14.2	−105383	−119537	−173192
14.6	−97299	−109747	−158127
15.0	−88384	−98963	−145661
15.4	−88860	−99678	−145693
15.8	−83388	−94654	−140598
16.2	−90319.4	−103455.4	−148914.4
16.6	−89761.9	−104461.9	−161840.9
17.0	−68713	−82324	−162980

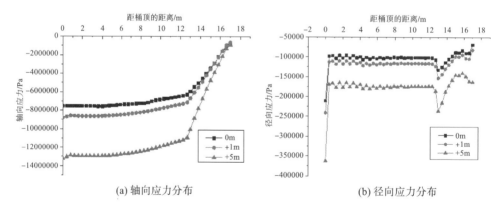

(a) 轴向应力分布　　　　　　(b) 径向应力分布

图 3-15　埋深 13 m 应力沿桶高方向分布值

(3)埋深为 17 m 时,不同水位作用下的桶体应力分析。

埋深为 17 m 时,桶体全部嵌入土中,所受荷载为上部水压力,根据受力情况计算出不同水位下桶体的受力情况,其 Mises 应力云图见图 3-16,轴向应力云图见图 3-17,径向应力云图见图 3-18。

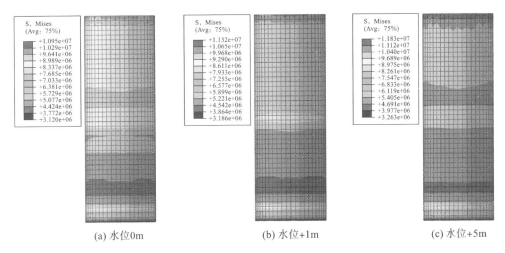

图 3-16　埋深 17 m 不同水位下桶体的 Mises 应力云图

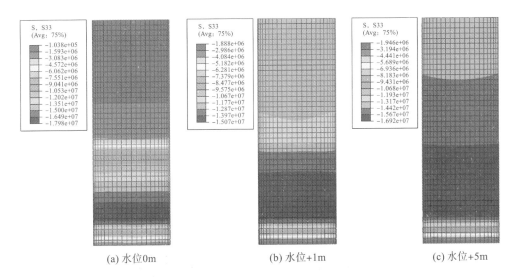

图 3-17　埋深 17 m 不同水位下桶体的轴向应力云图

同时取出埋深 17 m 不同水位下距桶顶不同距离的轴向应力值(见表 3-5)和径向应力值(见表 3-6),绘于图 3-19 中,由图 3-19 可以看出,当桶体没于水下时,水位高低对于应力的分布有很大影响:水位增大,应力值明显增大;埋深增加,轴向应力会逐渐减小;桶体径向应力变化较为复杂,但由于有土体支护,应力值均较小。

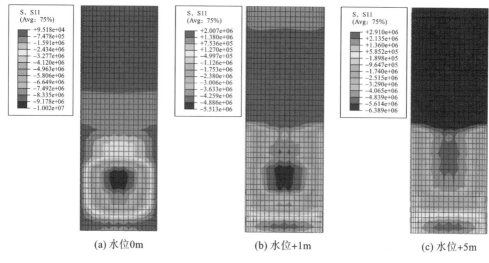

(a) 水位0m　　　　　　　(b) 水位+1m　　　　　　　(c) 水位+5m

图 3-18　埋深 17 m 不同水位下桶体的径向应力云图

表 3-5　埋深 17 m 不同水位轴向应力

距桶顶的距离/m	0 m 水位轴向应力值/Pa	+1 m 水位轴向应力值/Pa	+5 m 水位轴向应力值/Pa
0.0	−8.62E+06	−9.70E+06	−14010148
0.4	−8.62E+06	−9.70E+06	−14010797
0.8	−8.62E+06	−9.70E+06	−14002880
1.2	−8.61E+06	−9.68E+06	−13982573
1.6	−8.59E+06	−9.67E+06	−13956330
2.0	−8.58E+06	−9.65E+06	−13927970
2.3	−8.56E+06	−9.63E+06	−13898212
2.7	−8.54E+06	−9.61E+06	−13868986
3.1	−8.53E+06	−9.59E+06	−13842681
3.5	−8.50E+06	−9.57E+06	−13803040
3.9	−8.47E+06	−9.53E+06	−13751912
4.3	−8.44E+06	−9.50E+06	−13701203
4.7	−8.41E+06	−9.46E+06	−13648798
5.1	−8.38E+06	−9.43E+06	−13598657
5.5	−8.35E+06	−9.39E+06	−13542697
5.9	−8.30E+06	−9.34E+06	−13470040
6.3	−8.25E+06	−9.28E+06	−13388700

续表

距桶顶的距离/m	0 m 水位轴向应力值/Pa	+1 m 水位轴向应力值/Pa	+5 m 水位轴向应力值/Pa
6.7	−8.20E+06	−9.22E+06	−13300230
7.4	−8.03E+06	−9.05E+06	−13097330
7.8	−8.00E+06	−9.01E+06	−13033880
8.2	−8.01E+06	−9.01E+06	−13014950
8.2	−8.04E+06	−9.04E+06	−13035050
8.6	−8.04E+06	−9.04E+06	−13036330
9.0	−7.89E+06	−8.87E+06	−12776800
9.4	−7.93E+06	−8.89E+06	−12503750
9.8	−6.99E+06	−7.86E+06	−11250900
10.2	−6.28E+06	−7.09E+06	−10323140
10.6	−6.39E+06	−7.18E+06	−10161450
11.0	−6.05E+06	−6.81E+06	−9753890
11.4	−5.89E+06	−6.64E+06	−9470870
11.8	−5.52E+06	−6.25E+06	−9025770
11.8	−5.68E+06	−6.36E+06	−9055170
12.2	−5.30E+06	−6.01E+06	−8655350
12.6	−4.96E+06	−5.63E+06	−8147840
13.0	−4.60E+06	−5.23E+06	−7558250
13.4	−4.23E+06	4.81E+06	−6935470
13.8	−3.88E+06	−4.41E+06	−6332600
14.2	−3.65E+06	−4.13E+06	−5854100
14.6	−3.53E+06	−3.97E+06	−5532900
14.9	−3.55E+06	−3.97E+06	−5425700
15.1	−3.27E+06	−3.64E+06	−4904900
15.4	−2.56E+06	−2.87E+06	−3762300
15.8	−1.89E+06	−2.12E+06	−2560980
16.2	−1.27E+06	−1.42E+06	−1588710
17.0	−3.64E+05	−4.04E+05	−444600

表 3-6　埋深 17 m 不同水位径向应力

距桶顶的距离/m	0 m 水位径向应力值/Pa	+1 m 水位径向应力值/Pa	+5 m 水位径向应力值/Pa
0.0	−5.09E+03	−6.17E+03	−11488.058
0.4	−6.44E+03	−7.34E+03	−11028.44
0.8	−1.09E+04	−1.23E+04	−17969.7
1.2	−5.91E+03	−6.72E+03	−10097.1
1.6	−8.38E+03	−9.47E+03	−13944.2
2.0	−5.31E+03	−6.03E+03	−9101.5
2.4	−7.56E+03	−8.54E+03	−12569.5
2.8	−5.94E+03	−6.74E+03	−10061.8
3.2	−6.98E+03	−7.89E+03	−11583.8
3.6	−4.76E+03	−5.39E+03	−8008
4.0	−4.43E+03	−5.00E+03	−7349
4.3	−4.81E+03	−5.45E+03	−8103
4.7	−4.12E+03	−4.66E+03	−6831
5.1	−4.61E+03	−5.21E+03	−7668
5.5	−4.55E+03	−5.15E+03	−7364
5.9	−3.97E+03	−4.54E+03	−6423
6.3	−3.25E+03	−3.72E+03	−5126
6.7	−4.41E+03	−5.04E+03	−7122
7.1	−4.11E+03	−4.70E+03	−6649
7.5	−7.13E+03	−8.10E+03	−11885
7.9	−1.55E+04	−1.73E+04	−25725
8.3	−2.34E+04	−2.61E+04	−38841.8
8.7	−2.63E+04	−2.92E+04	−42945
9.1	−3.42E+04	−3.83E+04	−54894
9.5	−3.46E+04	−3.88E+04	−54863
9.9	−3.23E+04	−3.64E+04	−51514
10.3	−2.77E+04	−3.12E+04	−44709
10.7	−2.87E+04	−3.23E+04	−46783
11.1	−2.83E+04	−3.20E+04	−46360
11.5	−2.71E+04	−3.07E+04	−44740

续表

距桶顶的距离/m	0 m 水位径向应力值/Pa	+1 m 水位径向应力值/Pa	+5 m 水位径向应力值/Pa
11.9	−1.68E+04	−1.90E+04	−28314
12.3	4.08E+03	4.60E+03	4719
12.7	1.11E+04	1.24E+04	15701
13.0	1.22E+04	1.36E+04	17159
13.4	1.42E+04	1.60E+04	20576
13.8	1.67E+04	1.80E+04	22870
14.2	2.05E+04	1.95E+04	24277
14.6	2.04E+04	1.93E+04	24134
15.0	3.07E+04	3.57E+04	49158
15.4	3.18E+04	3.94E+04	55552
15.8	2.42E+04	2.79E+04	38963
16.2	1.55E+04	1.64E+04	23663
16.6	1.48E+04	1.63E+04	24319
17.0	1.59E+04	1.77E+04	26250

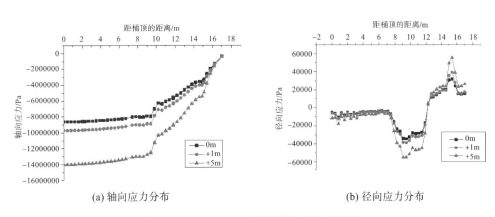

(a) 轴向应力分布　　　　　(b) 径向应力分布

图 3-19　埋深 17 m 应力沿桶高方向分布值

(4)确定受力最不利情况。

通过对上述情况的对比及分析,得到最不利情况下不同埋深的桶体轴向及径向应力的分布,见表 3-7、表 3-8、图 3-20。

表 3-7　不同埋深的桶体轴向应力

距桶顶的距离/m	埋深 9 m 轴向应力/Pa	埋深 13 m 轴向应力/Pa	埋深 17 m 轴向应力/Pa
0.0	−8600536	−13212892	−14010148
0.4	−8600464	−13029926	−14010797
0.8	−8604040	−12864717	−14002880
1.2	−8609039	−12905271	−13982573
1.6	−8611160	−12926033	−13956330
2.0	−8612341	−12933831	−13927970
2.4	−8613273	−12936924	−13898212
2.8	−8614621	−12936767	−13868986
3.2	−8617082	−12938405	−13842681
3.6	−8621602	−12936441	−13803040
4.0	−8647968	−12925513	−13751912
4.4	−8687333	−12904915	−13701203
4.8	−8693194	−12879274	−13648798
5.2	−8673331	−12844462	−13598657
5.6	−8653824	−12804943	−13542697
6.0	−8636082	−12755176	−13470040
6.4	−8620605	−12701829	−13388700
6.8	−8606938	−12650991	−13300230
7.2	−8598809	−12590144	−13097330
7.5	−8598474	−12518701	−13033880
7.9	−8598977	−12444680	−13014950
8.3	−8592509	−12360180	−13035050
8.7	−8579279	−12267460	−13036330
9.1	−8555152	−12167460	−12776800
9.5	−8516365	−12051640	−12503750
9.9	−8462116	−11931420	−11250900
10.3	−8394555	−11809840	−10323140
10.7	−8318173	−11679080	−10161450
11.1	−8233230	−11548600	−9753890
11.5	−8134660	−11419040	−9470870

续表

距桶顶的距离/m	埋深 9 m 轴向应力/Pa	埋深 13 m 轴向应力/Pa	埋深 17 m 轴向应力/Pa
11.9	−8025610	−11299250	−9025770
12.3	−7913060	−11153030	−9055170
12.7	−7790620	−10914840	−8655350
13.1	−7663950	−10066750	−8147840
13.5	−7533880	−8828780	−7558250
13.8	−7397020	−7793540	−6935470
14.2	−7262570	−6756440	−6332600
14.6	−7103810	−5707510	−5854100
15.0	−6909470	−4750020	−5532900
15.4	−6710140	−3892300	−5425700
15.8	−6515280	−3040900	−4904900
16.2	−6315930	−2139720	−3762300
16.6	−6144420	−1286120	−2560980
17.0	−6075430	−892494	−1588710

表 3-8 不同埋深的桶体径向应力

距桶顶的距离/m	埋深 9 m 径向应力/Pa	埋深 13 m 径向应力/Pa	埋深 17 m 径向应力/Pa
0.0	−754159	−362319.6	−11488.058
0.4	−3708038.4	−170080.316	−11028.44
0.8	−3687447.2	−166209.183	−17969.7
1.2	−3689595.4	−177441.604	−10097.1
1.6	−3690497	−165116.302	−13944.2
2.0	−3691005	−176878.095	−9101.5
2.4	−3691406	−165706.87	−12569.5
2.8	−3691983	−176025.21	−10061.8
3.2	−3693029	−166332.16	−11583.8
3.6	−3694974	−175432.46	−8008
4.0	−3706272	−169846.06	−7349
4.4	−3723143	−180393.9	−8103

续表

距桶顶的距离/m	埋深 9 m 径向应力/Pa	埋深 13 m 径向应力/Pa	埋深 17 m 径向应力/Pa
4.8	−3725653	−172911.2	−6831
5.2	−3717142	−180247.7	−7668
5.6	−3708779	−174676.1	−7364
6.0	−3701184	−179350.8	−6423
6.4	−3694547	−174240.1	−5126
6.8	−3688689	−178420.3	−7122
7.2	−3685205	−174220.8	−6649
7.5	−3685062	−176852.9	−11885
7.9	−3685280	−173580.4	−25725
8.3	−3682502	−175602.2	−38841.8
8.7	−3676834	−172903.5	−42945
9.1	−3666497	−175593.2	−54894
9.5	−3649866	−175260	−54863
9.9	−3626620	−174346.4	−51514
10.3	−3597668	−174802	−44709
10.7	−3564931	−173840.6	−46783
11.1	−3528524	−174976	−46360
11.5	−3486284	−174914	−44740
11.9	−3439552	−173577	−28314
12.3	−3391309	−174101	4719
12.7	−3338836	−185878	15701
13.1	−3284555	−235958	17159
13.5	−3228810	−215338.2	20576
13.8	−3170150	−188323.1	22870
14.2	−3112526	−173192	24277
14.6	−3044489	−158127	24134
15.0	−2961200	−145661	49158
15.4	−2875769	−145693	55552
15.8	−2792260	−140598	38963
16.2	−2706826	−148914.4	23663

续表

距桶顶的距离/m	埋深 9 m 径向应力/Pa	埋深 13 m 径向应力/Pa	埋深 17 m 径向应力/Pa
16.6	−2633324	−161840.9	24319
17.0	−2603761	−162980	26250

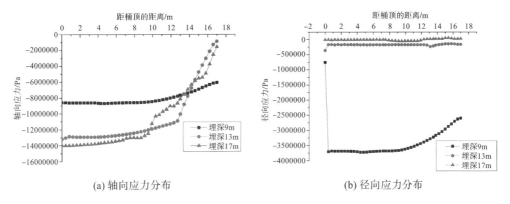

(a) 轴向应力分布　　　　　　(b) 径向应力分布

图 3-20　不同埋深下，应力沿桶高方向分布值

比较不同工况下的桶体整体应力分布，不难看出：桶体埋深增加，桶体轴向应力值呈现增大趋势，桶体全部埋入时，轴向应力最大；埋深增加，桶体径向应力值呈现减小趋势；当桶体在水面以上抽真空负压时，径向应力最大。

3.4　主　要　结　论

通过分析桶体结构在现场安装过程中不同状态下的受力情况，进行不同工况下的受力分析及数值模拟计算，主要结论如下。

对不同埋深下的桶体进行实际工况模拟，可以得出：土面以上的桶体应力随深度的变化较小，而土面以下的应力值有减小趋势，可见，土体对桶体能起到加固的作用。

比较不同工况下的桶体整体应力分布，不难看出：桶体埋深增加，桶体应力值呈增大趋势，由此得到桶体的受力最不利情况，即桶体全部埋入时，轴向应力最大。桶体在水面以上抽真空负压时，径向应力最大。

第4章 钢质桶体屈曲分析

目前,现有对于圆柱壳屈曲问题的研究多是针对单独轴压和负压作用下的屈曲分析,且得到的计算方法具有一定的局限性,用于高径比小的薄壁圆筒基础存在较大误差。轴压与负压共同作用下的计算方法较多,但适用于本书介绍的桶式基础结构屈曲计算的方法并不明确,为了能够更好地指导桶式基础结构施工及下沉过程中的屈曲稳定性,本章对桶式基础结构在轴压及负压共同作用下的屈曲稳定性进行研究。

4.1 钢质桶体圆柱壳屈曲研究临界应力理论分析

4.1.1 轴向屈曲临界应力计算方法

关于圆柱壳轴向荷载下的屈曲稳定性研究较多,且各国都有相应的计算规范,不同国家的规范给出的规定不尽相同,结构工程师对于如何确定其允许值一直感到困惑。

对于一个长度为 L 的理想圆柱壳(均匀的弹性圆柱几何壳体,边界为简支,壳体为薄膜应力状态),两端环向单位长度受均匀轴向压力 p,根据铁木辛柯小扰度理论,可以推导出临界荷载如下:

$$P_{cr} = \frac{Et^2}{R\sqrt{3(1-\mu^2)}} \tag{4-1}$$

式中:P_{cr}——壳体两端均匀受压单位长度临界荷载;

R——壳体筒壁中心半径;

t——壳体厚度;

E——壳体弹性模量;

μ——壳体泊松比。

该公式为理想圆柱壳在轴压作用下的弹性经典临界荷载公式,用直径 D 代替半径 R,并取 $\mu=0.3$,将临界荷载用临界应力表示,则式(4-1)变为

$$\sigma_{Rcr} = \frac{P_{cr}}{t} = 1.21E\frac{t}{D} = 0.605E\frac{t}{R} \tag{4-2}$$

式中:σ_{Rcr}——圆柱壳经典屈曲临界应力;

D——圆柱壳名义直径。

坎普涅尔采用大挠度理论推导得出的单纯轴向压缩失稳临界应力值为

$$\sigma_{cr}=0.364E\frac{t}{D}=0.182E\frac{t}{R} \tag{4-3}$$

可见,采用大挠度理论和小挠度理论的计算结果相差很大。由于计算结果与工程实际差距很大,因此各国规范都没有直接引用上述理论公式。工程实际中很难保证圆柱壳体为理想模型,主要有以下几方面原因:

(1)由于制造缺陷,几何尺寸不满足标准圆柱壳假定要求;
(2)工程实际中并非轴心受压,荷载很复杂;
(3)往往不能满足上下边界完全简支的要求;
(4)存在残余应力,降低结构刚度,导致材料提前屈服。

基于上述原因,铁木辛柯解只是一个屈服应力的上限值,所有试验值均小于该值。精密加工模型的试验结果只能达到该值的 60%,而非精密加工模型的试验结果只能达到该值的 23%～42%。

4.1.2 内压作用下的屈曲临界应力计算方法

桶式基础在下沉过程中,桶壁内侧受到负压作用,相当于外侧受到环向压力作用,导致桶壁产生环向应力,环向应力能够降低桶体对初始缺陷的敏感性,因此低水平的内压可提高桶体的轴向屈曲应力,但在高内压情况下,会导致结构弹塑性屈曲破坏。

对于外压圆筒的计算,有关标准(如 GB 150—1998 和 ASME VIII-1)中应用较多,上述两种标准采用了相同的计算方法,都假设圆筒仅受均匀外压,而不受轴压作用。

长圆筒临界压力(布雷斯-布赖恩公式)为

$$P_{cr}=2.19E\left(\frac{\delta_e}{D_0}\right)^3 \tag{4-4}$$

短圆筒临界压力(美国海军试验水槽公式)为

$$P_{cr}=2.95E\frac{\left(\dfrac{\delta_e}{D_0}\right)^{2.5}}{\dfrac{L}{D_0}-0.45\left(\dfrac{\delta_e}{D_0}\right)^{0.5}} \tag{4-5}$$

式中:L——计算圆筒长度;
δ_e——圆筒的有效壁厚;
D_0——圆筒外径。

注:短管一般指管长小于等于 50 m 的管,长管一般指管长大于等于 100 m 的管。

4.2 基本荷载作用下钢桶屈曲特性

在实际施工过程中,本书介绍桶体的基本荷载包括轴压、围压、自重、顶力、摩擦力等。根据实际施工情况,提取了两种基本荷载(轴压、围压),这是施工过程中最主要的受力状态。在本章的数值分析中,做以下设定:

(1)数值分析中建立的桶体模型,不考虑土层的影响和桶土相互作用。

(2)采用 Q235 钢的参数作为计算的基本参数,不考虑桶体本身的自重。

(3)桶体稳定性分析的基本模型尺寸为:桶径 $d=3$ m,壁厚 $t=14$ mm,桶长 $L=17$ m。单桶有限元模型如图 4-1 所示。

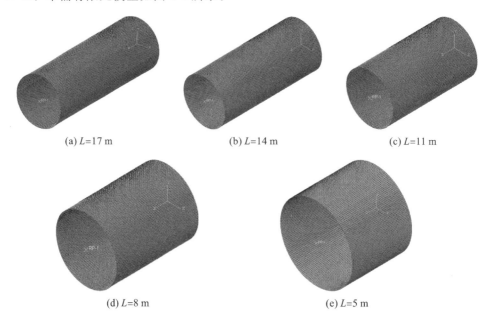

(a) $L=17$ m   (b) $L=14$ m   (c) $L=11$ m

(d) $L=8$ m   (e) $L=5$ m

图 4-1 单桶有限元模型

4.2.1 轴向压缩荷载作用

(1)弹性理论分析。

在轴向压缩条件下,钢桶采用一端固结的边界条件,一端直接施加轴向压力。表 4-1 中的理论值采用公式(4-1)计算。由表 4-1 可知,有限元计算结果与理论值的符合度较高。

表 4-1　理论值与有限元计算值对比

桶长/m	理论值/kN	有限元计算值/kN	误差/(%)
17	148992	149036	0.03
14	148992	149122	0.09
11	148992	149084	0.06
8	148992	149661	0.45
5	148992	150894	1.28

(2)弹塑性理论分析。

在上述弹性计算的基础上,将相应的模态作为初始缺陷加入弹塑性屈曲计算,轴压作用下的一阶模态如图 4-2 所示。

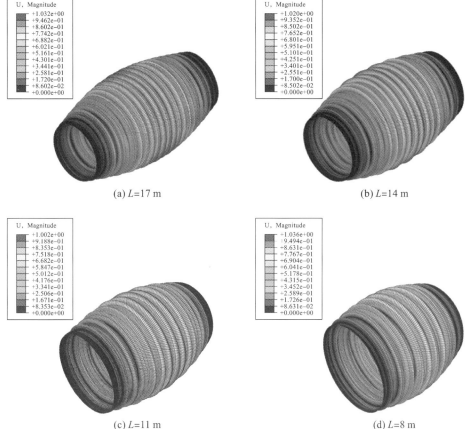

(a) $L=17$ m　　(b) $L=14$ m

(c) $L=11$ m　　(d) $L=8$ m

图 4-2　轴压作用下的一阶模态

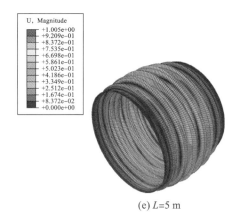

(e) L=5 m

续图 4-2

将轴压一阶模态作为钢桶初始缺陷,取桶径的 1% 作为初始缺陷的变形量,引入缺陷后计算结果为极限承载力,见表 4-2。表中极限承载力折减后的值是极限承载力和有限元计算值之比,钢桶屈服理论值为 $P_y=\sigma_y A$,A 为桶口截面面积。不同长度的钢桶的后屈曲变形图见图 4-3。

表 4-2　轴压作用下的有限元计算结果

桶长/m	理论值/kN	计算值/kN	极限承载力/kN	极限承载力/计算值	钢桶屈服理论值/kN
17	148992	149036	18000	12.1%	61839
14	148992	149122	13508	9.1%	61839
11	148992	149084	13225	8.9%	61839
8	148992	149661	13309	8.9%	61839
5	148992	150894	46034	30.5%	61839

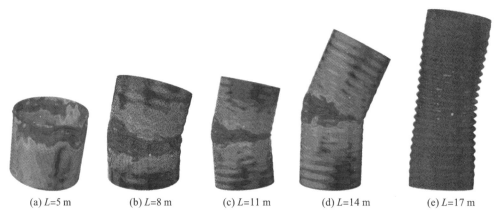

(a) L=5 m　　(b) L=8 m　　(c) L=11 m　　(d) L=14 m　　(e) L=17 m

图 4-3　桶体后屈曲变形图

表 4-2 中的数据说明,当引入初始缺陷后,极限承载力降低很多,甚至会显著低于钢桶的屈服理论值,在钢桶未发生屈服时,便已经有屈曲失稳的可能,此时,若仍然使用屈服荷载进行设计便可能会发生危险。因此,对桶体进行加筋以提高其极限承载力是很有必要的。由图 4-3 可见,(a)、(b)、(c)、(d)均发生局部屈曲,(e)发生整体屈曲。

4.2.2 围压荷载作用

(1)弹性理论分析。

围压工况对钢桶施加两端简支的边界条件,对桶体施加围向压力,结果整理见表 4-3。由表 4-3 中的数据可知,有限元计算值与短管理论值(见式 4-5)接近,长管理论值(见式 4-4)较小。

表 4-3 围压作用下的有限元计算结果

桶长/m	短管理论值/kPa	长管理论值/kPa	有限元计算值/kPa
17	48.453	5.564	72.345
14	58.933	5.564	86.187
11	75.199	5.564	112.005
8	103.866	5.564	152.479
5	167.854	5.564	209.474

(2)弹塑性理论分析。

在上述弹性计算的基础上,将相应的模态作为初始缺陷加入弹塑性屈曲计算,围压作用下的一阶模态如图 4-4 所示。

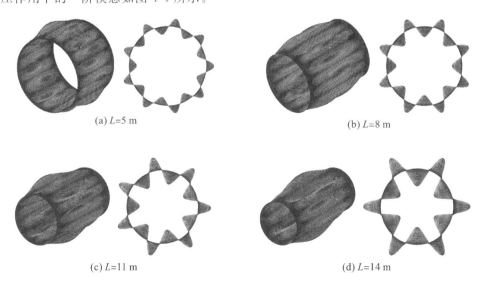

(a) $L=5$ m (b) $L=8$ m

(c) $L=11$ m (d) $L=14$ m

图 4-4 围压作用下的一阶模态

(e) $L=17\,\mathrm{m}$

续图 4-4

以桶体壁厚的 1‰ 作为初始缺陷的比例因子,引入缺陷,计算得到的钢桶荷载比例因子-弧长结果见表 4-4、图 4-5。由图 4-5 可知,加入几何缺陷后的桶体,其极限承载力会折合为临界荷载的 50% 左右。

表 4-4 钢桶荷载比例因子-弧长结果

桶长	5 m	8 m	11 m	14 m	17 m
荷载比例因子-弧长	0	0	0	0	0
	0.438418	0.197362	0.200321	0.202697	0.525666
	0.61514	0.320407	0.328264	0.334025	0.566356
		0.427622	0.447869	0.46008	0.596163
		0.454487	0.487943	0.564719	0.621338
		0.477314	0.512814	0.568185	0.622814
		0.485863	0.51636	0.572954	0.622167
		0.493665	0.51726	0.579146	0.619234
		0.500458	0.517978	0.586191	0.615426
		0.505746	0.518766	0.591575	
		0.51006	0.519563		
		0.513165	0.51999		
		0.515907	0.520449		
		0.516528	0.520983		

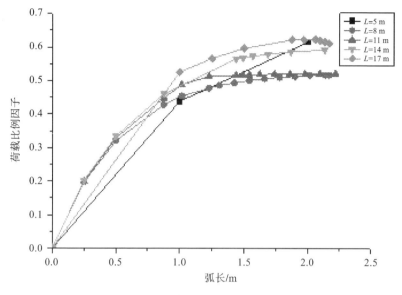

图 4-5 钢桶荷载比例因子-弧长曲线

4.3 主要结论

采用现行标准和有限元方法求解了钢桶屈曲荷载。通过分析,得到了线性屈曲分析的临界荷载与实际计算值基本一致;在后屈曲分析中,初始几何缺陷明显会降低一阶模态的临界荷载,甚至会低于钢材的屈服荷载,也就是说在钢桶未发生屈服时,已经发生了屈曲,这是极大的安全隐患,说明对桶体加筋是极有必要的。

由于桶体在施工过程中的受力情况较为复杂,本章将受力情况简化成两种基本荷载进行屈曲分析,后屈曲分析在初始缺陷的比例因子取 0.1 时,极限承载力便折减为原来的 50%,对加筋桶也是如此,但桶体的初始几何缺陷并不只是一阶模态的缺陷,而是几种模态的组合,因此,桶体的极限承载力会更小。

第 5 章 加筋桶数值模拟

为提高钢质桶体的承载力,对其进行加筋是很有必要的。从以往经验来看,加筋可以在一定程度上提高薄壁圆筒的屈曲承载力。但是,除了加筋数量以外,还有很多参数对桶体结构承载力产生影响。本章采用有限元分析方法,研究不同参数对钢桶临界荷载的影响。

5.1 加筋钢桶数值模拟方法

建立一种可以准确模拟薄壁圆柱壳轴压屈曲问题的有限元分析方法,为研究加筋薄壁圆柱壳的屈曲稳定性问题提供可靠的数值模拟方法。钢质桶体的加筋有不同的布置形式,为提高轴压承载力,可以布置纵向加筋,为提高径向承载力,可布置环向加筋。本章针对桶长 17 m 的桶体进行加筋研究,探究加筋数量对钢桶屈曲承载力的影响。

5.1.1 单元的选择

单元类型的选择对于数值模拟结果的准确性和计算效率有着重要影响。通常,当一个薄壁构件的厚度远小于其典型整体结构尺寸(一般为小于 1/10),并且可以忽略厚度方向的应力时,就可以用壳单元来模拟此结构。对于薄壁圆柱壳问题,学者多采用有限元分析软件单元库的 S4 单元、S4R 单元和 S8R 单元。S4 单元为四节点线性完全积分壳单元,由于 S4 单元是完全积分单元,可以获得很高的求解精度,但是易发生剪力自锁现象。S4R 单元为四节点线性缩减积分壳单元,性能稳定,适用范围很广,在研究屈曲问题时具有很高的准确性。S8R 单元为八节点二次缩减积分壳单元,二次单元具有高精度,且对剪力自锁不敏感。本次模拟选择 S4R 单元。

5.1.2 网格的划分

有限元分析中,除了单元类型外,单元密度对屈曲临界荷载和失稳形态也有着重要的影响。单元数量过多,不仅增加试验时几何形貌测量的时间成本,而且对计算机的性能也有较高的要求;单元数量过少,则不能真实地反映屈曲试验结果。本次模拟选择节点建模,经综合考虑,布种时种子尺寸采用 0.4 m,网格划分见图 5-1。

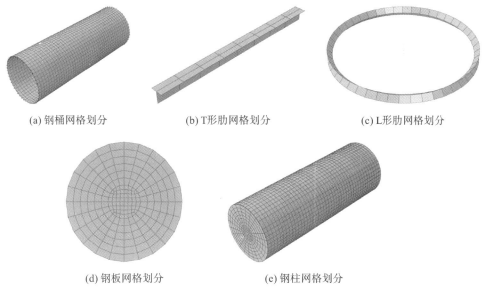

(a) 钢桶网格划分　　(b) T形肋网格划分　　(c) L形肋网格划分

(d) 钢板网格划分　　(e) 钢柱网格划分

图 5-1　网格划分

5.1.3　荷载和边界条件

根据工程中该类结构的实际受载情况,确定数值模拟时的边界条件,上端面约束除轴向位移外的所有自由度,下端面固支约束。同时施加轴向压力,试件上端面与钢板之间定义接触约束来传递轴向荷载。钢桶荷载和边界条件如图 5-2 所示。

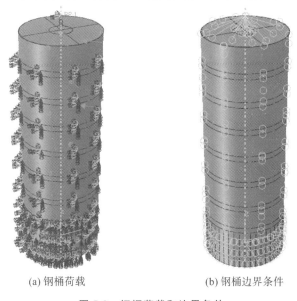

(a) 钢桶荷载　　　　(b) 钢桶边界条件

图 5-2　钢桶荷载和边界条件

5.1.4 静力分析

对长度为 17 m 的加筋钢桶进行弹塑性分析,观察加筋形式对桶体承载力的影响。实际工程中桶体的加筋情况如下:钢桶下部 3 m 采用 20 cm 高的 T 形钢进行竖向加强,共 45 处,加强间距 0.42 m;其余部分采用 20 cm 高的 L 形钢进行环向加强,加强间距 2.0 m。加入荷载 2260.8 kN(0.8 个大气压),桶盖 Mises 应力云图见图 5-3(a),轴向应力云图见图 5-3(b),径向应力云图见图 5-3(c),变形云图见图 5-3(d)。钢桶 Mises 应力云图见图 5-4(a),轴向应力云图见图 5-4(b),径向应力云图见图 5-4(c),变形云图见图 5-4(d)。

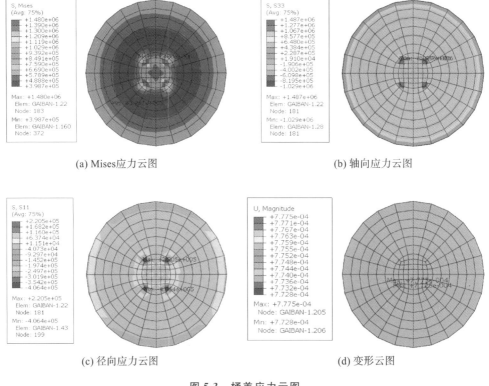

(a) Mises 应力云图 (b) 轴向应力云图

(c) 径向应力云图 (d) 变形云图

图 5-3 桶盖应力云图

从桶盖 Mises 应力云图中可以看出,桶盖整体受力较小,并未发生屈服,中间部分应力较大,即图中红色部分易发生危险,应力值达到了 1.48 MPa,远未发生屈服。从轴向和径向应力云图可以看出,轴向应力和径向应力值都很小;从变形云图可以看出,变形最大的地方也只发生了 0.77 mm 的变形,桶盖结构非常安全。

从桶体 Mises 应力云图中可以看出,桶体整体受力较小,并未发生屈服,上部应力较大,即图中红色部分易发生危险,应力值达到了 10.54 MPa,远未发生屈服。从

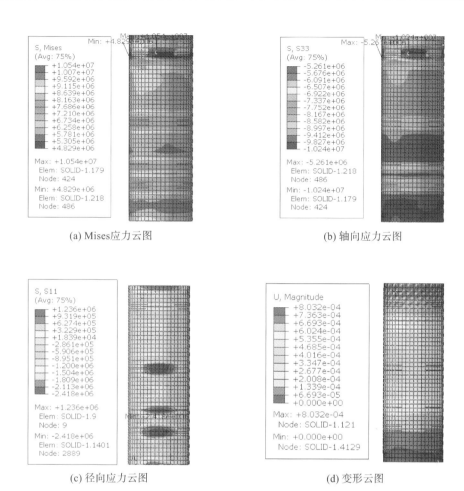

图 5-4　钢桶应力云图

轴向和径向应力云图可以看出,轴向应力和径向应力值都很小;从变形云图可以看出,变形最大的地方也只发生了 0.803 mm 的变形,桶体结构非常安全。

5.1.5　后屈曲分析

上述为钢桶静力分析,未考虑材料非线性及几何非线性因素。准确计算钢桶承载力,需要将初始缺陷加入钢桶模型,并考虑材料的塑性。下面对比桶长 17 m 时光桶和加筋桶的临界荷载以及加入初始几何缺陷的极限荷载。钢桶有限元模型见图 5-5。

图 5-6 给出了光桶和加筋桶的一阶模态及特征值(临界荷载),光桶临界荷载为 149036 kN,而加筋桶临界荷载为 152022 kN。加筋桶临界荷载约为光桶临界荷载的 1.02 倍。

(a) 光桶有限元模型　　　　　　(b) 加筋桶有限元模型

图 5-5　钢桶有限元模型

(a) 光桶一阶模态及特征值　　　　　　(b) 加筋桶一阶模态及特征值

图 5-6　钢桶特征值云图

对桶长为 17 m 的加筋桶进行弹塑性分析,观察加筋形式对桶体承载力的影响。将一阶模态的临界荷载分别加到光桶和加筋桶上进行有限元计算,其 Mises 应力云图及变形云图见图 5-7。

根据有限元计算结果,对光桶引入初始几何缺陷后,利用弧长算法计算出弧长和荷载比例因子,并将其列入表 5-1,绘制成如图 5-8 所示的关系图。

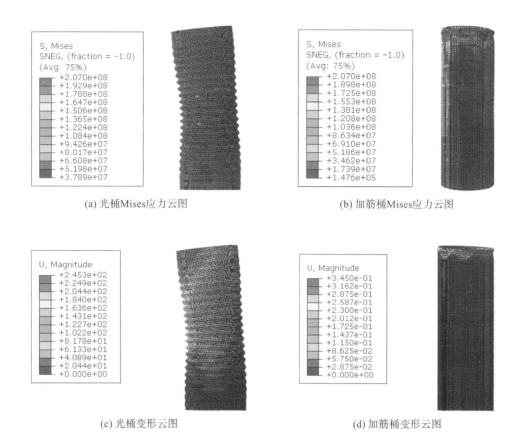

(a) 光桶Mises应力云图　　(b) 加筋桶Mises应力云图

(c) 光桶变形云图　　(d) 加筋桶变形云图

图 5-7　钢桶 Mises 应力云图及变形云图

表 5-1　光桶荷载比例因子-弧长

弧长/m	荷载比例因子	弧长/m	荷载比例因子	弧长/m	荷载比例因子
0	0	0.09125	0.080233	0.673437	0.118639
0.01	0.01	0.141875	0.0969639	0.844297	0.119293
0.02	0.02	0.217812	0.108144	1.10059	0.119916
0.035	0.035	0.331719	0.1146		
0.0575	0.0569417	0.502578	0.117483		

由绘制的荷载比例因子-弧长关系图可以看出，光桶在引入初始几何缺陷后，荷载折减为临界荷载的 11%，初始几何缺陷大大降低了光桶的承载力。

根据有限元计算结果，对加筋桶引入初始几何缺陷后，利用弧长算法计算出弧长和荷载比例因子，并将其列入表 5-2，绘制成如图 5-9 所示的关系图。

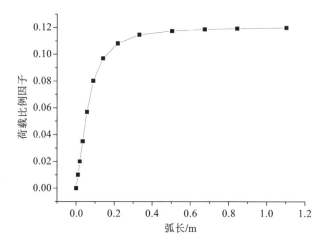

图 5-8 光桶荷载比例因子-弧长关系图

表 5-2 加筋桶荷载比例因子-弧长

弧长/m	荷载比例因子	弧长/m	荷载比例因子	弧长/m	荷载比例因子
0	0	0.236006	0.152131	0.417544	0.0972161
0.01	0.01	0.246685	0.146777	0.428223	0.0952822
0.02	0.0199991	0.257363	0.141823	0.438901	0.0934181
0.035	0.0349984	0.268042	0.137274	0.44958	0.0916158
0.0575	0.0574973	0.278721	0.13311	0.460259	0.0898736
0.09125	0.0912406	0.289399	0.129225	0.470937	0.0881941
0.141875	0.141704	0.300078	0.125748	0.481616	0.0865638
0.154531	0.154165	0.310757	0.122414	0.492295	0.0849729
0.167187	0.166453	0.321436	0.119212	0.502974	0.0834146
0.186172	0.183501	0.332114	0.116171	0.513652	0.0818913
0.190918	0.17896	0.342793	0.113315	0.524331	0.0804079
0.195664	0.175918	0.353472	0.110644	0.53501	0.078971
0.20041	0.172857	0.36415	0.108125	0.545688	0.0775874
0.207529	0.168339	0.374829	0.105742	0.556367	0.0762595
0.214648	0.164011	0.385508	0.103471	0.567046	0.0749867
0.221768	0.159866	0.396187	0.101302	0.577725	0.0737692
0.228887	0.155904	0.406865	0.0992221	0.588403	0.0726021

续表

弧长/m	荷载比例因子	弧长/m	荷载比例因子	弧长/m	荷载比例因子
0.599082	0.0714824	0.652476	0.0664797	0.705869	0.0622099
0.609761	0.0704095	0.663154	0.0655744	0.716548	0.0614267
0.620439	0.0693736	0.673833	0.0646958	0.727227	0.0606635
0.631118	0.0683744	0.684512	0.0638437	0.737905	0.0599199
0.641797	0.0674108	0.69519	0.0630155	0.748584	0.0591953

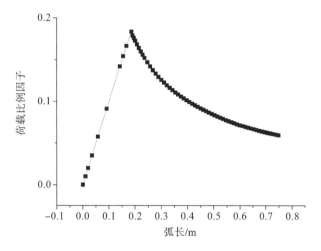

图 5-9　加筋桶荷载比例因子-弧长关系图

根据绘制的荷载比例因子-弧长关系图可以看出,加筋桶在引入初始几何缺陷后,荷载折减为临界荷载的 18.4%,初始几何缺陷同样大大降低了加筋桶的承载力。

5.2　纵向加筋数量的影响

计算采用的模型由蒙皮和筋条组成,筋条采用纵向均布。蒙皮厚度 $t=14$ mm,壳半径 $R=3$ m,长度 $L=17$ m,筋条截面形式参见图 5-10(a),钢桶参数参见表 5-3。进行薄壁加筋壳结构有限元分析时,蒙皮和筋条采用绑定接触处理;桶体底边进行固支约束,两侧进行对称约束,顶端施加均布载荷,建立结构的计算模型,如图 5-10(b)所示。不同加筋数的钢桶有限元模型如图 5-11 所示。经计算所得不同加筋数的钢桶一阶振型图如图 5-12 所示。

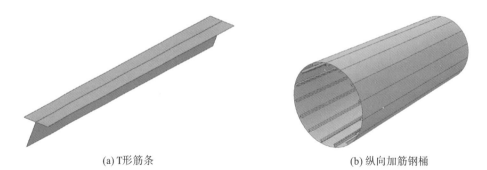

(a) T形筋条　　　　　　　　　　(b) 纵向加筋钢桶

图 5-10　T形筋条和纵向加筋钢桶有限元模型

表 5-3　钢桶参数

弹性模量/kPa	泊松比	桶长/m	桶径/m	壁厚/mm
200000000	0.3	17	6	14

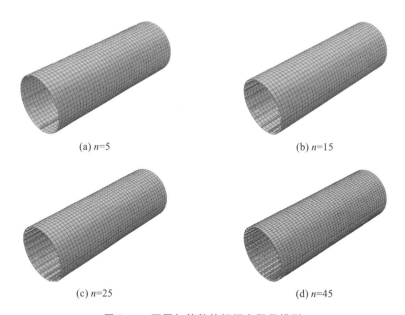

(a) n=5　　　　　　　　　　(b) n=15

(c) n=25　　　　　　　　　　(d) n=45

图 5-11　不同加筋数的钢桶有限元模型

分别对加筋数 $n=0,5,15,25,35,45$ 的桶体进行计算,得出各自的临界荷载(见表 5-4),并绘制如图 5-13 所示的曲线图。

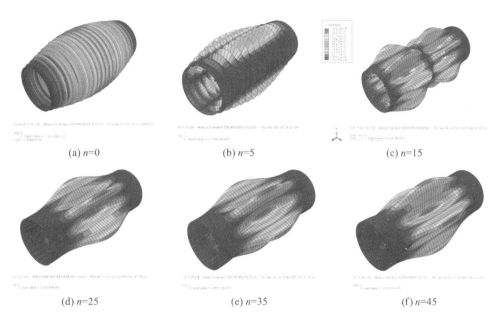

图 5-12　不同加筋数的钢桶一阶振型图

表 5-4　不同加筋数的临界荷载

加筋数	0	5	15	25	35	45
临界荷载/kN	149036	173400	219616	241370	240701	252331

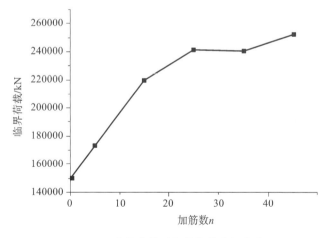

图 5-13　临界荷载随加筋数的变化曲线

由表 5-4 可以看出,加筋数 $n=0,5,15,25$ 时,加筋桶的临界荷载随加筋数增加明显变大,而加筋数 $n=25,35,45$ 时,临界荷载几乎没有增大。因此,加筋数并不是越多越好,本书所述的钢桶纵向加筋数选用 25 就可以满足要求。

5.3 环向加筋数量的影响

环向加筋钢桶计算采用的模型由蒙皮和筋条组成,筋条采用环向均布。蒙皮厚度 $t=14$ mm,壳半径 $R=3$ m,长度 $L=17$ m,筋条截面形式见图 5-14(a)。进行薄壁加筋壳结构有限元分析时,蒙皮和筋条采用绑定接触处理;桶体底边进行固支约束,两侧进行对称约束,环向施加均布荷载,建立结构的计算模型,如图 5-14(b)所示。钢桶参数见表 5-3。不同加筋间距的钢桶有限元模型和一阶振型图分别如图 5-15、图 5-16 所示。

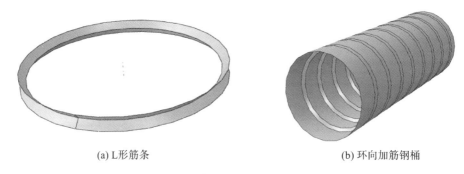

(a) L形筋条　　　　　　　　　(b) 环向加筋钢桶

图 5-14　L 形筋条和环向加筋钢桶有限元模型

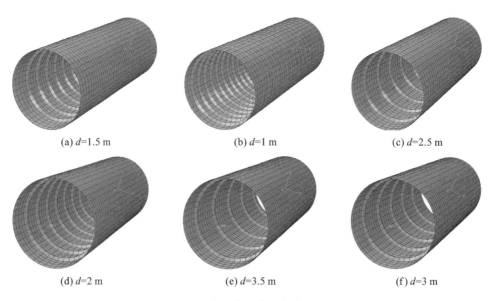

(a) $d=1.5$ m　　　　　(b) $d=1$ m　　　　　(c) $d=2.5$ m

(d) $d=2$ m　　　　　(e) $d=3.5$ m　　　　　(f) $d=3$ m

图 5-15　不同加筋间距的钢桶有限元模型

图 5-16　不同加筋间距的钢桶一阶振型图

分别对加筋间距 $d=1\ m,1.5\ m,2\ m,2.5\ m,3\ m,3.5\ m$ 的桶体进行计算,得出各自的临界荷载(见表 5-5),并绘制如图 5-17 所示的曲线图。

表 5-5　不同加筋间距的临界荷载

加筋间距/m	1	1.5	2	2.5	3	3.5
临界荷载/kN	4105.36	1052.98	1041.09	693.965	516.788	417.223

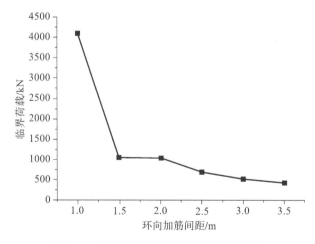

图 5-17　临界荷载随加筋间距的变化曲线

由图 5-17 可以看出,环向加筋间距从 3.5 m 减至 2.0 m 时,加筋桶的临界荷载明显变大,而环向加筋间距从 2.0 m 减至 1.5 m 时,临界荷载几乎没有增大,环向加筋间距从 1.5 m 减至 1.0 m 时,临界荷载又明显增大。综上,本书所述的钢桶环向加筋间距为 2.0 m 就可以满足要求。

5.4 主要结论

静力分析时,从桶盖及桶体 Mises 应力云图中可以看出,对于桶体来说,整体受力较小,并未发生屈服,上部应力较大,最大处应力值达到 10.54 MPa,远未发生屈服。从轴向和径向应力云图可以看出,轴向应力和径向应力值都很小;由变形云图可以看出,变形最大的地方也只发生了 0.803 mm 的变形,钢桶结构非常安全。

屈曲分析时,给出了光桶和加筋桶的一阶模态及临界荷载,光桶临界荷载为 149036kN,而加筋桶临界荷载为 152022 kN,加筋桶临界荷载为光桶临界荷载的 1.02 倍。光桶在引入初始几何缺陷后,荷载折减为临界荷载的 11%,初始几何缺陷大大降低了光桶的承载力。加筋桶在引入初始几何缺陷后,荷载折减为临界荷载的 18.4%,初始几何缺陷也降低了加筋桶的承载力。

在研究加筋数量和临界荷载的关系时,纵向加筋数 $n=0,5,15,25$ 时,加筋桶的临界荷载随加筋数增加明显变大,而加筋数 $n=25,30,35$ 时,临界荷载几乎没有增大。因此,加筋数并不是越大越好,本书所述的钢桶纵向加筋数选用 25 就可以满足要求。环向加筋间距从 3.5 m 减至 2.0 m 时,加筋桶的临界荷载明显变大,而环向加筋间距从 2.0 m 减至 1.5 m 时,临界荷载几乎没有增大,环向加筋间距从 1.5 m 减至 1.0 m 时,临界荷载又明显增大。综上,本书所述的钢桶环向加筋间距为 2.0 m 就可以满足要求。

第 6 章 组合桶式基础数值模拟

组合桶式基础由多个桶体组成,共同承载,其稳定性不但与地基土的性质有很大关系,而且受到桶的排列组合情况的影响。为了研究不同外部荷载的变化对组合桶式基础承载力的影响,有必要对不同荷载作用下组合桶式基础的承载力进行计算分析。

6.1 组合桶式基础工程概况

连云港港徐圩港区防波堤工程实际采用的钢质组合桶式基础结构由 9 个直径为 6.0 m 的钢质圆桶通过钢板连接,整体呈正方形,平面尺寸为 19 m×19 m,高度为 17 m。组合桶内形成 13 个独立舱体(9 个圆桶及圆桶之间形成的 4 个隔舱,见图 1-5),总质量约 503 t,安装顶板标高为 −8 m,通过设置在桶盖上的排气/排水装置,实现结构下沉、纠偏等施工操作,具有结构整体性好、承载能力高、施工下沉装备简单等特点。钢质组合桶式基础平面图如图 6-1 所示。

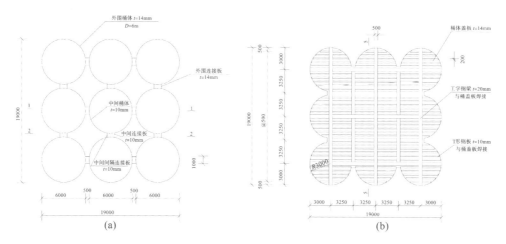

图 6-1 钢质组合桶式基础平面图

采用桶式基础不需要对结构软土地基进行加固改造,盖板、壳壁、隔板及下卧土层把软土封闭在壳内,利用软土与结构间的相互作用,提高结构的承载能力,共同承担其上部结构所传递的荷载。

桶式基础结构主尺寸主要由地质条件、结构功能要求和施工技术条件等控制。结构由上桶和下桶两部分组成，上桶断面尺寸根据使用功能、水深确定；下桶断面尺寸主要由水深、地质条件、结构滑移、倾覆、浮游稳定性、功能要求和施工技术条件等因素确定。下桶高度方向上应进入软土一定深度，作为驳岸使用时，下桶高度方向上应进入下卧硬土层不小于1.0 m；下桶平面长度应满足结构抗滑、抗倾稳定性要求；下桶平面宽度应满足施工条件要求；隔舱的数量应在4个及以上，并对称布置；桶盖板、隔板、侧板均由结构施工荷载、使用荷载作用下的承载力控制；下桶的单元尺寸应满足浮游稳定性、使用期变形等要求。

6.2 组合桶式基础有限元模型的建立

本书中进行有限元分析所用的组合桶式基础与实际工程中的相同，组合桶式基础由9个直径为6.0 m的钢质圆桶通过钢板连接，整体呈正方形，平面尺寸为19 m×19 m，高度为17 m。有限元模型如图6-2所示。

选取地基土体尺寸时，为了有效地消除远处边界约束效应，在桶式基础承受荷载的前后两侧各取其水平尺寸的5倍长度作为土体计算域的长度；地基土体的宽度取一半结构的宽度加结构一端保护土体的宽度之和；地基土体的高度取6倍基础桶的高度。地基土体模型如图6-3所示。

图6-2　钢质组合桶式基础有限元模型　　　　图6-3　地基土体模型

针对桶式基础结构在实际工程中的受力情况，有限元模型对计算土体的边界约束条件设置如下：由于假设地基土体表面不受其他荷载，因此设置为自由边界；土体底面在实际中可以看成固定不产生位移的，设置为固定边界；土体的前侧面和后侧面只限制土体的左右和前后位移，设置为侧限边界；由于结构对称，因此取一半土体作为分析对象，设置相应的对称边界约束。

地基土体与桶式基础的接触面模拟是本模型中最为关键的部分,接触面模拟得不正确会影响到桶式基础在荷载作用下的承载力、位移变形及稳定性等多方面的研究。在有限元软件中为了真实地模拟土体与桶式基础结构的相互接触作用,在桶式基础与土体相接触的区域建立主、从接触面。考虑到桶式基础不管是采用钢筋混凝土结构还是钢结构,其弹性模量都远远大于地基土体的变形模量,所以在模型中指定桶式基础上的接触面为主接触面,地基土体上的接触面为从接触面。由于桶式基础相对复杂,其与地基土体的接触面比较多,为了避免模型计算时不收敛和人为操作中的失误,在模型中只将相平行的面设置为一个面对,这样虽然增加了接触面对的个数,却大大降低了计算时不收敛的可能性。在接触面上,切向采用罚函数模拟,法向采用硬接触方式,这样就能很好地模拟荷载作用下的结构与周围土体间的黏结、滑移等现象。在模拟桶式基础结构和地基土体间的相互作用时,会产生较大的应力和应变,桶式基础结构与地基土体之间的相对滑动较小,所以滑动类型选用小滑移。本书中土体与桶式基础接触面的摩擦系数采用 $\mu=\tan\varphi$,φ 为土体的内摩擦角。

划分网格是有限元模型的一个重要环节,这个环节要考虑的问题较多,工作量较大,所划分的网格由于划分者的水平和思路不同会产生很大的差异,因而对计算精度和计算规模会产生显著的影响。

有限元网格数量的多少和质量的好坏直接影响到计算结果精度的高低和计算规模的大小。一般来讲,网格数量增加,计算精度会有所提高,但同时计算规模也会增加,所以在确定网格数量时应该权衡这两个方面。网格较少时增加网格数量可以显著提高计算精度,而计算时间不会有很大的增加。所以应注意增加网格数量后的经济性。实际应用时可以比较疏密两种网格划分的计算结果,如果两种计算结果相差较大,应该增加网格数量,重新计算,直到误差在允许的范围之内。常用网格划分技术包括结构化网格、扫掠网格、自由网格划分技术,现分述如下。

(1)结构化(structured)网格划分技术 将一些标准的网格模式应用于一些形状简单的几何区域,采用结构化网格的区域会显示为绿色(不同的网格划分技术会对相应的划分区域显示特有的颜色)。

(2)扫掠(sweep)网格划分技术 对于二维区域,首先在边上生成网格,然后沿着扫掠路径拉伸,得到二维网格;对于三维区域,首先在面上生成网格,然后沿扫掠路径拉伸,得到三维网格。采用扫掠网格的区域显示为黄色。

(3)自由(free)网格划分技术 自由网格是最灵活的网格划分技术,几乎可以用于任何几何形状。采用自由网格的区域显示为粉红色。自由网格采用三角形单元(二维模型)和四面体单元(三维模型),一般应选择带内部节点的二次单元来保证精度。

如果某个区域显示为橙色,表明无法使用目前的网格划分技术来生成网格。这种情况多出现在模型结构非常复杂的时候,这时候需要把复杂区域分割成几个形状简单的区域,然后使用结构化网格或扫掠网格划分技术。

注意:使用结构化网格或扫掠网格划分技术时,如果定义了受完全约束的种子(seed),网格划分可能不成功,这时我们可以忽略错误信息,允许软件去除对这些种子的约束,从而完成网格划分。

本模型采用的是结构化网格划分技术,在网格划分过程中,网格太粗不仅会影响模型的收敛性,还会造成计算结果的精确度下降,一般来说网格越细精确度越高,但当网格的细度达到一定程度,再将网格细分对模型的精确度影响较小,同时这将大大增加模型计算的时间,所以如何合理划分网格对模型的计算至关重要。由于地基土体的尺寸比较大,因此对地基土进行了区域划分;对桶式基础结构周围土体进行细化,因为基础周边土体发生的变形较大,细化网格可以增强其收敛性和提高精确度;对离桶式基础结构较远的土体进行了简化划分,即将网格设置得比较粗,这样对模型精确度的影响较小,却可大大减少计算的时间。本模型中桶式基础结构的种子尺寸为 0.5 m,土体网格采用单精度划分方式,在桶式基础结构附近土体的种子尺寸为 0.5 m,离桶式基础结构较远土体的种子尺寸为 10 m,从而减少了整个模型的网格数量,提高了计算效率。网格划分如图 6-4 所示。

(a) 桶式基础结构的网格划分

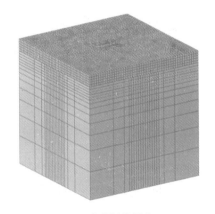

(b) 土体的网格划分

图 6-4　网格划分

在实际的岩土工程中,地应力场的计算可以通过反分析或根据实测值回归计算等方法得到。对于一般的土体材料,地应力场分布就比岩石材料的简单,计算中将上覆土体重量作为竖向应力,再根据静止侧压力系数计算水平应力。在桶式基础结构和软土地基的数值计算中,初始地应力场的确定是非常重要的,主要原因如下:有限元计算模型中的总应力是在初始应力的基础上再和应力增量叠加而成的,所以初始应力从数值模型分析开始就影响着整个计算过程;桶式基础结构和地基材料的刚度模量也受初始应力的影响;接触分析中,土体与桶式基础结构间的切向刚度、摩擦力和法向应力等均与初始应力相关;所以在对该模型进行数值分析时必须首先确定软土地基中的初始应力场。这个阶段也称为地应力平衡阶段,在有限元软件中,提供了

5 种地应力平衡的方法,分别是:

(1)(AUTOBALANCE)自动平衡法;

(2) *INITIALCONDITIONS,TYPE=STRESS,GEOSTATIC;

(3) *INITIALCONDITIONS,TYPE=STRESS,FILE=file,INC=inc;

(4) *INITIALCONDITIONS,TYPE=STRESS,INPUT=XX.DAT;

(5) *INITIALCONDITIONS,TYPE=STRESS,GEOSTATIC,USER。

以上 5 种方法并不是每一种都适用于所有的岩土模型,方法从易到难。

方法(1)为自动平衡法,它省去了生成自重应力以及相应初应力文件和导入的麻烦,在地应力中选择自动增量步就能使用自动地应力平衡功能,还能指定允许的位移变化容限。不过,自动地应力平衡功能仅支持有限的几种材料的变形性能,如弹性、塑性等,而其对单元也有一定的要求。

方法(2)为关键字定义初始地应力法,这种方法需要给出不同材料区域的最高和最低点的自重应力及其相应坐标,所采用的几何模型一般较规则,表面水平,能够通过考虑水平两个方向的侧压力系数值来施加初始应力场。关键字定义初始地应力法只适合土体表面水平的土体。

方法(3)为 ODB 导入法,这种方法可使用之前算过的 ODB 文件结果,也就是说提前计算一个初始应力 ODB 文件,定义初始应力时直接指定 ODB 文件即可。

方法(4)为初始应力提取法,首先将已知边界条件施加到模型上进行计算,然后将计算得到的每个单元的应力外插到形心点处,导出 S11、S22、S33、S12、S13、S23 六个应力分量,这种方法是最为通用的方法,可以应用于不同材料、不规则地形,适用性强。

方法(5)为用户子程序 SIGINI 定义初始应力场法,可以定义其为应力分量为坐标单元号、积分点号等变量的函数,要达到精确平衡需已知具体边界条件,在实际中应用较少。

在本模型中,由于地基土体模型比较复杂,不是规则的模型,用方法(1)和方法(2)极可能引起模型的不收敛,方法(4)操作起来很复杂,运行时间比较长,所以考虑模型的复杂程度和地应力平衡方法的操作难易程度,本书采用方法(3),即导入 ODB 文件的方法。土层物理学参数见表 6-1。

表 6-1 土层物理学参数

土层	饱和重度/(kN/m^3)	弹性模量 E/MPa	泊松比	黏聚力/kPa	摩擦角/(°)
淤泥	15.8	6	0.3	5	2
粉质黏土	17.1	30~40	0.3	13.5	14
粉质砂土	19.2	7~20	0.3	2.5	34

6.3 组合桶式基础受力分析

钢桶在现场安装过程中,打开桶顶上预制的排水阀,首先利用桶体的自重和外部压载作用,使其下沉到海床以下一定深度,在桶内空间形成密封条件后,使用抽水泵和真空泵抽吸桶体内的水和空气,使某一时刻泵抽出的水量大于桶内自底部渗入的水量,由此在桶体内外形成压力差。当压差足够大时,桶体就能克服下沉阻力,桶式基础就会在负压的作用下不断压入土中,直至达到预设深度。当组合桶沉入土中 9 m 时,下端刚好到达粉质黏土层,继续下沉,需要抽水抽气。本书主要针对桶式基础埋深 9 m 的 7 种不同工况进行数值分析,以便分析组合桶的受力和变形情况。

(1) 工况 1。

工况 1 的受力情况如图 6-5 所示,此时桶体下沉到海床以下 9 m,在桶内空间形成密封条件后,使用抽水泵和真空泵抽吸桶体内的水和空气,桶顶在水下 4 m,在桶内抽气使内部产生 0.6 个负大气压,桶体整体受到轴向向下 100 kPa 的作用力,围向为梯形的作用力。

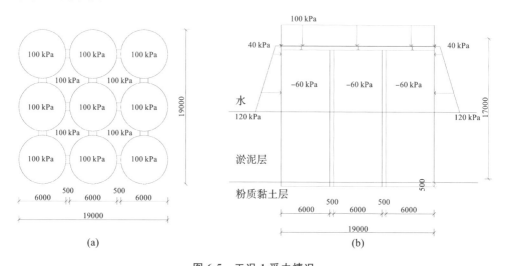

图 6-5 工况 1 受力情况

根据工况 1 的受力情况,建立有限元计算模型,如图 6-6 所示,计算结果如图 6-7 所示。

从工况 1 的 Mises 应力云图中可以看出,钢板中间方形区域的内力较大,但还未达到屈服强度,未发生屈服;而下部的桶体整体较为安全,但在和上部钢板连接的部分,以及单个桶体相连的连接板的部分区域,应力值达到了 1739 MPa,已经发生屈服,但这种屈服只出现在小部分区域,整个组合桶还是处于安全状态。从 S11 和 S33 即径向和轴向的应力分布来看,应力值均在屈服强度范围内,结构安全。

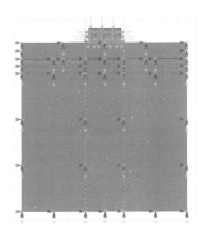

图 6-6 工况 1 有限元模型

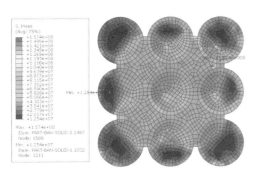

(a) Mises 应力云图

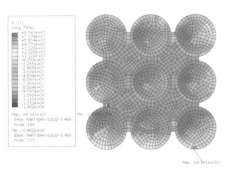

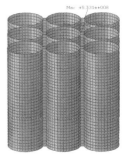

(b) 径向应力云图

图 6-7 工况 1 应力云图

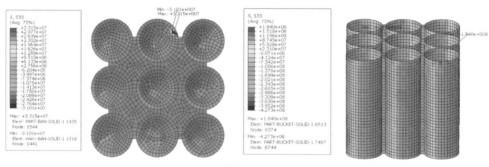

(c) 轴向应力云图

续图 6-7

（2）工况 2。

工况 2 的受力情况如图 6-8 所示，此时桶体下沉到海床以下 9 m，在桶内空间形成密封条件后，使用抽水泵和真空泵抽吸桶体内的水和空气，桶顶在水下 4 m，在桶内抽气使 8 个桶和 4 个隔舱产生 0.4 个负大气压，1 个边缘桶产生 0.8 个负大气压，桶体整体受到轴向向下 120 kPa 和 80 kPa 的偏向作用力，围向为梯形的作用力。

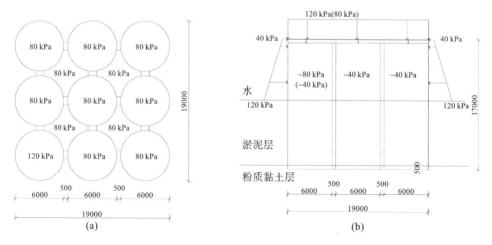

图 6-8 工况 2 受力情况

根据工况 2 的受力情况，建立有限元计算模型，计算结果如图 6-9 所示。

从工况 2 的 Mises 应力云图中可以看出，钢板中间方形区域的内力较大，但还未达到屈服强度，未发生屈服；而下部的桶体整体较为安全，但在和上部钢板连接的部分，以及单个桶体相连的连接板的部分区域，应力值达到了 1686 MPa，已经发生屈服，但这种屈服只出现在小部分区域，整个组合桶还是处于安全状态。从 S11 和 S33 即径向和轴向的应力分布来看，应力值均在屈服强度范围内，结构安全。

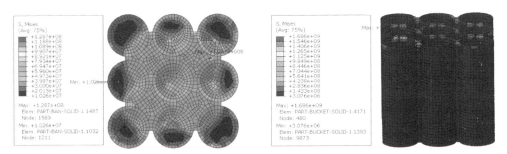

(a) Mises应力云图

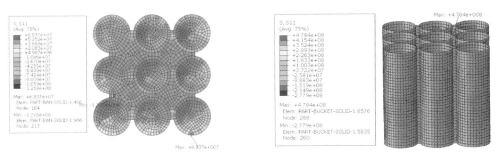

(b) 径向应力云图

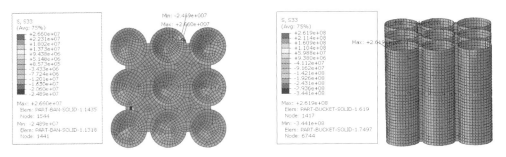

(c) 轴向应力云图

图 6-9 工况 2 应力云图

(3)工况 3。

工况 3 的受力情况如图 6-10 所示，此时桶体下沉到海床以下 9 m，在桶内空间形成密封条件后，使用抽水泵和真空泵抽吸桶体内的水和空气，桶顶在水下 4 m，在桶内抽气使 6 个桶和 4 个隔舱产生 0.4 个负大气压，3 个边缘桶产生 0.8 个负大气压，桶体整体受到轴向向下 120 kPa 和 80 kPa 的偏向作用力，围向为梯形的作用力。

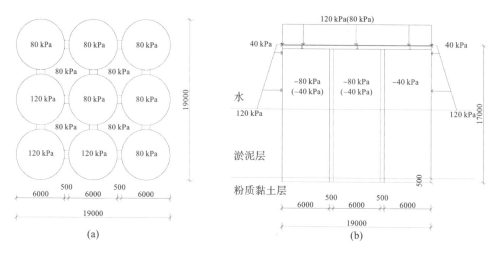

图 6-10 工况 3 受力情况

根据工况 3 的受力情况,建立有限元计算模型,计算结果如图 6-11 所示。

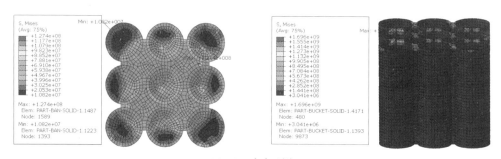

(a) Mises 应力云图

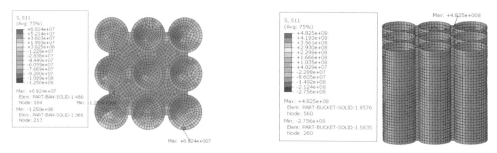

(b) 径向应力云图

图 6-11 工况 3 应力云图

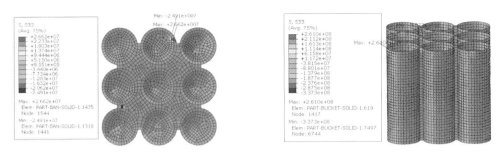

(c) 轴向应力云图

续图 6-11

从工况 3 的 Mises 应力云图中可以看出,钢板中间方形区域的内力较大,但还未达到屈服强度,未发生屈服;而下部的桶体整体较为安全,但在和上部钢板连接的部分,以及单个桶体相连的连接板的部分区域,应力值达到了 1696 MPa,已经发生屈服,但这种屈服只出现在小部分区域,整个组合桶还是处于安全状态。从 S11 和 S33 即径向和轴向的应力分布来看,应力值均在屈服强度范围内,结构安全。

(4)工况 4。

工况 4 的受力情况如图 6-12 所示,此时桶体下沉到海床以下 9 m,在桶内空间形成密封条件后,使用抽水泵和真空泵抽吸桶体内的水和空气,桶顶在水下 4 m,在桶内抽气使 5 个桶和 4 个隔舱产生 0.4 个负大气压,3 个边缘桶产生 0.8 个负大气压,1 个桶未抽气,桶体整体受到轴向向下 120 kPa 和 80 kPa 的偏向作用力,围向为梯形的作用力。

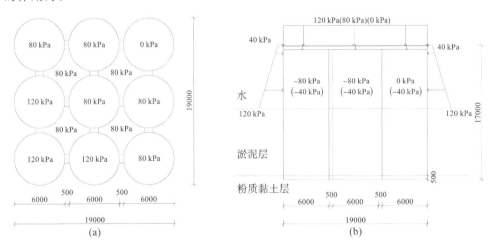

图 6-12 工况 4 受力情况

根据工况 4 的受力情况,建立有限元计算模型,计算结果如图 6-13 所示。

从工况 4 的 Mises 应力云图中可以看出,钢板中间方形区域的内力较大,但还未

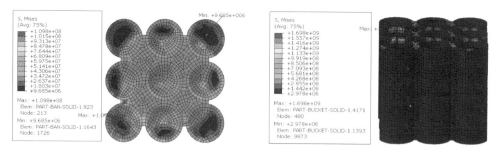

(a) Mises应力云图

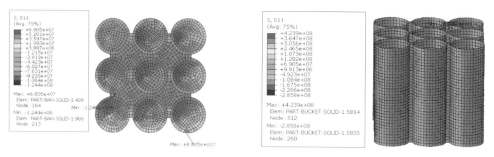

(b) 径向应力云图

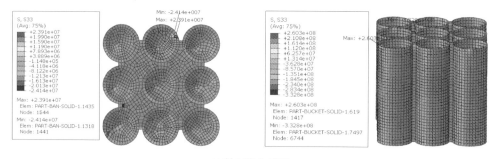

(c) 轴向应力云图

图 6-13 工况 4 应力云图

达到屈服强度,未发生屈服;而下部的桶体整体较为安全,但在和上部钢板连接的部分,以及单个桶体相连的连接板的部分区域,应力值达到了 1698 MPa,已经发生屈服,但这种屈服只出现在小部分区域,整个组合桶还是处于安全状态。从 S11 和 S33 即径向和轴向的应力分布来看,应力值均在屈服强度范围内,结构安全。

(5)工况 5。

工况 5 的受力情况如图 6-14 所示,此时桶体下沉到海床以下 9 m,在桶内空间形成密封条件后,使用抽水泵和真空泵抽吸桶体内的水和空气,桶顶在水下 4 m,在桶内抽气使 3 个桶和 3 个隔舱产生 0.4 个负大气压,3 个边缘桶产生 0.8 个负大气压,3 个桶和 1 个隔舱未抽气,桶体整体受到轴向向下 120 kPa 和 80 kPa 的偏向作用力,围向为梯形的作用力。

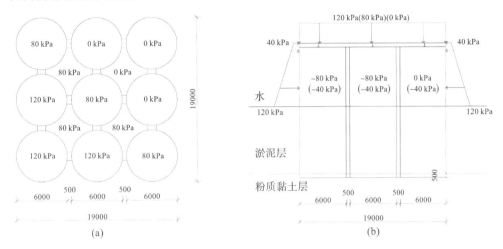

图 6-14　工况 5 受力情况

根据工况 5 的受力情况,建立有限元计算模型,计算结果如图 6-15 所示。

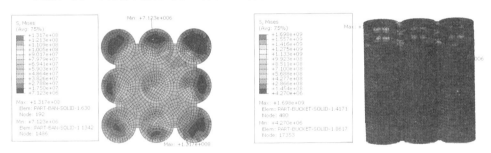

(a) Mises 应力云图

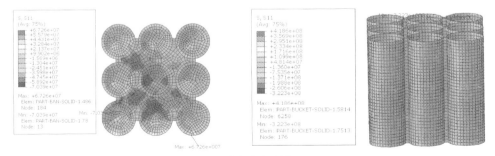

(b) 径向应力云图

图 6-15　工况 5 应力云图

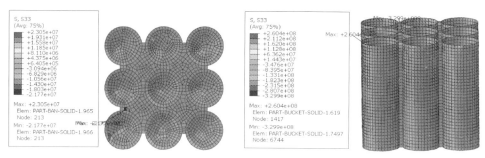

(c) 轴向应力云图

续图 6-15

从工况 5 的 Mises 应力云图中可以看出,钢板中间方形区域的内力较大,但还未达到屈服强度,未发生屈服;而下部的桶体整体较为安全,但在和上部钢板连接的部分,以及单个桶体相连的连接板的部分区域,应力值达到了 1698 MPa,已经发生屈服,但这种屈服只出现在小部分区域,整个组合桶还是处于安全状态。从 S11 和 S33 即径向和轴向的应力分布来看,应力值均在屈服强度范围内,结构安全。

(6)工况 6。

工况 6 的受力情况如图 6-16 所示,此时桶体下沉到海床以下 9 m,在桶内空间形成密封条件后,使用抽水泵和真空泵抽吸桶体内的水和空气,桶顶在水下 4 m,在桶内抽气使 9 个桶产生 0.6 个负大气压,4 个隔舱均未抽气,桶体整体受到轴向向下 100 kPa 的轴向作用力,围向为梯形的作用力。

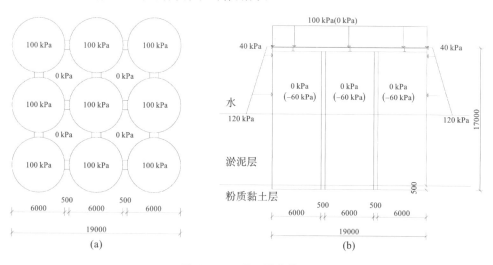

图 6-16 工况 6 受力情况

根据工况 6 的受力情况,建立有限元计算模型,计算结果如图 6-17 所示。

从工况 6 的 Mises 应力云图中可以看出,钢板中间方形区域的内力较大,但还未达到屈服强度,未发生屈服;而下部的桶体整体较为安全,但在和上部钢板连接的部

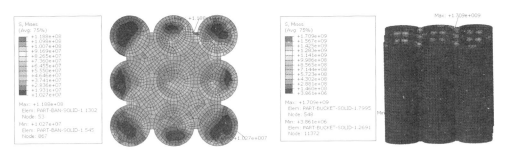

(a) Mises应力云图

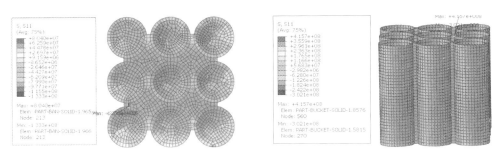

(b) 径向应力云图

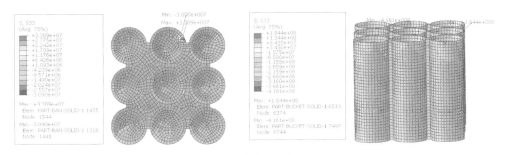

(c) 轴向应力云图

图 6-17 工况 6 应力云图

分,以及单个桶体相连的连接板的部分区域,应力值达到了 1709 MPa,已经发生屈服,但这种屈服只出现在小部分区域,整个组合桶还是处于安全状态。从 S11 和 S33 即径向和轴向的应力分布来看,应力值均在屈服强度范围内,结构安全。

(7) 工况 7。

工况 7 的受力情况如图 6-18 所示,此时桶体下沉到海床以下 9 m,在桶内空间形成密封条件后,使用抽水泵和真空泵抽吸桶体内的水和空气,桶顶在水下 4 m,在桶内抽气使 8 个桶和 4 个隔舱产生 0.6 个负大气压,中间桶未抽气,使桶体四周受到轴向向下 100 kPa 的轴向作用力,围向为梯形的作用力。

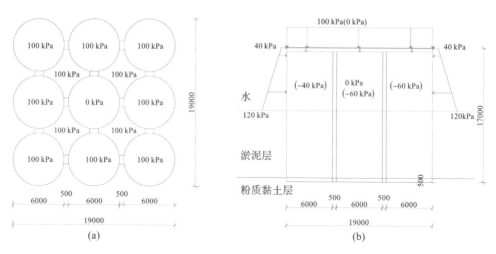

图 6-18　工况 7 受力情况

根据工况 7 的受力情况,建立有限元计算模型,计算结果如图 6-19 所示。

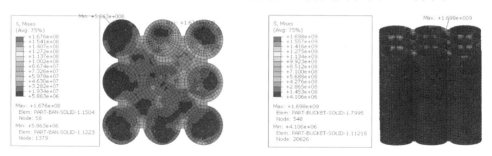

(a) Mises应力云图

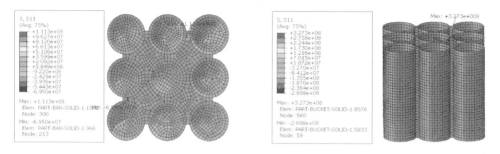

(b) 径向应力云图

图 6-19　工况 7 应力云图

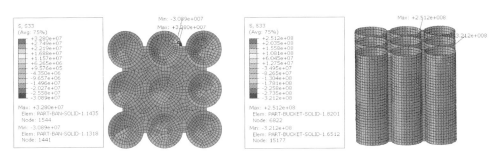

(c) 轴向应力云图

续图 6-19

从工况 7 的 Mises 应力云图中可以看出,钢板中间方形区域的内力较大,但还未达到屈服强度,未发生屈服;而下部的桶体整体较为安全,但在和上部钢板连接的部分,以及单个桶体相连的连接板的部分区域,应力值达到了 1698 MPa,已经发生屈服,但这种屈服只出现在小部分区域,整个组合桶还是处于安全状态。从 S11 和 S33 即径向和轴向的应力分布来看,应力值均在屈服强度范围内,结构安全。

工况 1~7 计算结果的 Mises 应力云图显示,在各个工况下,桶盖的应力分布较为均匀,且均未达到屈服强度,安全。而从桶身的计算结果分析中可以看出,桶体大部分区域的应力在 300 MPa 以内,但桶体上部部分区域的应力均在 1700 MPa 左右,这部分桶体已经出现屈服,但整体结构还是处于安全状态。

6.4 组合桶式基础变形分析

由于受到单个桶体之间连接结构的影响,组合桶变形情况与单个桶体有所不同,下面列出工况 1~7 组合桶式基础的变形情况。

工况 1 桶体变形情况模拟图见图 6-20。

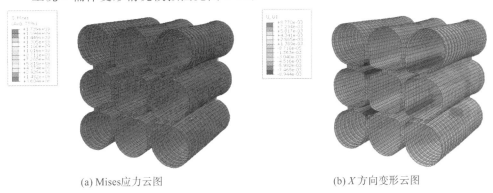

(a) Mises应力云图　　　　　　　(b) X 方向变形云图

图 6-20　工况 1 桶体变形情况模拟图

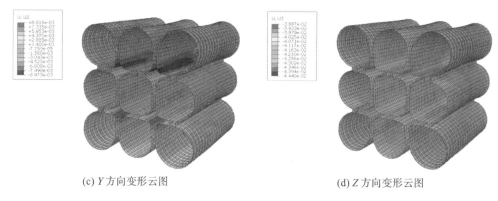

(c) Y 方向变形云图　　　　　　　(d) Z 方向变形云图

续图 6-20

从图 6-20 中可以看出，9 个钢桶内侧区域的变形较大，最大的横向变形为 8.973 mm，发生在云图中红色和蓝色的位置，四周的桶变成椭圆，中间桶已经变形为接近方形；原因是桶间连接板的支撑作用使得连接板支撑的位置位移受限，约束方向上的圆弧形桶体变形为直线形桶体。

工况 2 桶体变形情况模拟图见图 6-21。

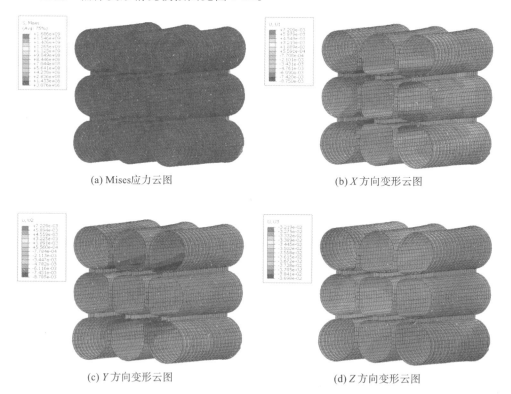

(a) Mises 应力云图　　　　　　　(b) X 方向变形云图

(c) Y 方向变形云图　　　　　　　(d) Z 方向变形云图

图 6-21　工况 2 桶体变形情况模拟图

从图 6-21 中可以看出，9 个钢桶内侧区域的变形较大，最大的横向变形为 8.785 mm，发生在云图中红色和蓝色的位置，四周的桶变成椭圆，中间桶已经变形为接近方形；原因是桶间连接板的支撑作用使得连接板支撑的位置位移受限，约束方向上的圆弧形桶体变形为直线形桶体。

工况 3 桶体变形情况模拟图见图 6-22。

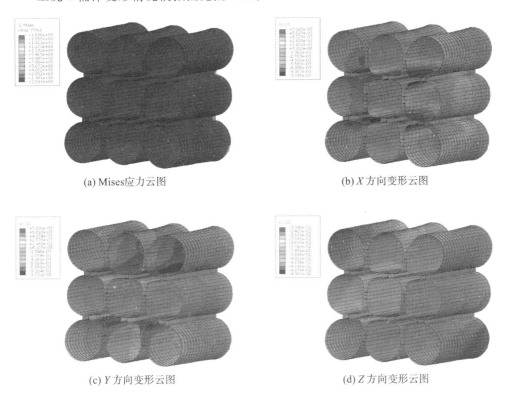

(a) Mises应力云图　　　　　　　　(b) X 方向变形云图

(c) Y 方向变形云图　　　　　　　　(d) Z 方向变形云图

图 6-22　工况 3 桶体变形情况模拟图

从图 6-22 中可以看出，9 个钢桶内侧区域的变形较大，最大的横向变形为 9.791 mm，发生在云图中红色和蓝色的位置，四周的桶变成椭圆，中间桶已经变形为接近方形；原因是桶间连接板的支撑作用使得连接板支撑的位置位移受限，约束方向上的圆弧形桶体变形为直线形桶体。

工况 4 桶体变形情况模拟图见图 6-23。

从图 6-23 中可以看出，9 个钢桶内侧区域的变形较大，最大的横向变形为 10.89 mm，发生在云图中红色和蓝色的位置，四周的桶变成椭圆，中间桶已经变形为接近方形；原因是桶间连接板的支撑作用使得连接板支撑的位置位移受限，约束方向上的圆弧形桶体变形为直线形桶体。

工况 5 桶体变形情况模拟图见图 6-24。

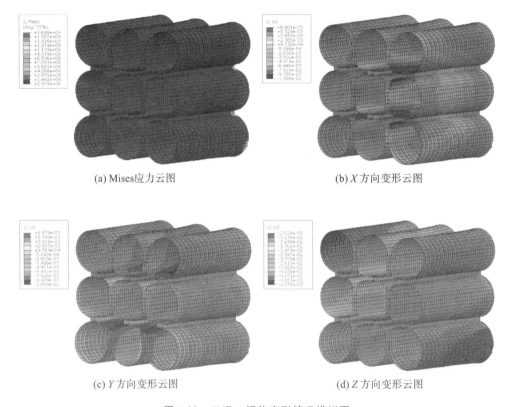

(a) Mises应力云图 (b) X方向变形云图

(c) Y方向变形云图 (d) Z方向变形云图

图 6-23　工况 4 桶体变形情况模拟图

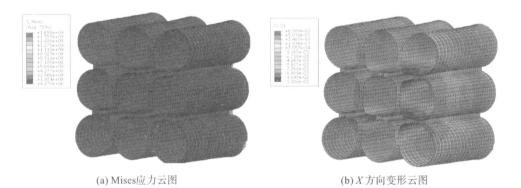

(a) Mises应力云图 (b) X方向变形云图

图 6-24　工况 5 桶体变形情况模拟图

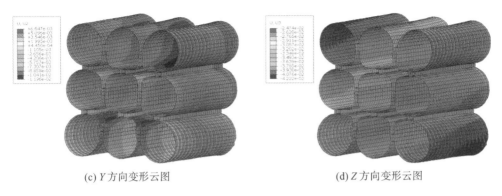

(c) Y方向变形云图   (d) Z方向变形云图

续图 6-24

从图 6-24 中可以看出，9 个钢桶内侧区域的变形较大，最大的变形为 12.02 mm，发生在云图中红色和蓝色的位置，四周的桶变成椭圆，中间桶已经变形为接近方形；原因是桶间连接板的支撑作用使得连接板支撑的位置位移受限，约束方向上的圆弧形桶体变形为直线形桶体。

工况 6 桶体变形情况模拟图见图 6-25。

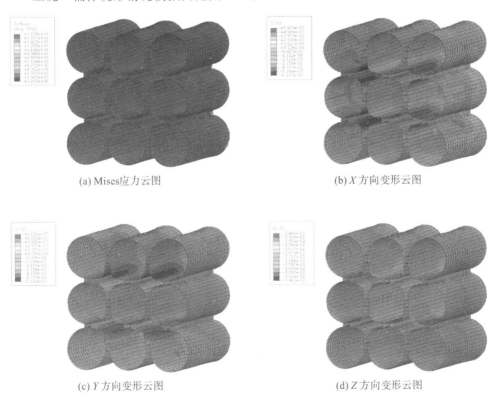

(a) Mises 应力云图   (b) X方向变形云图

(c) Y方向变形云图   (d) Z方向变形云图

图 6-25 工况 6 桶体变形情况模拟图

从图 6-25 中可以看出,9 个钢桶内侧区域的变形较大,最大的变形为 6.192 mm,发生在云图中红色和蓝色的位置,四周的桶变成椭圆,中间桶已经变形为接近方形;原因是桶间连接板的支撑作用使得连接板支撑的位置位移受限,约束方向上的圆弧形桶体变形为直线形桶体。

工况 7 桶体变形情况模拟图见图 6-26。

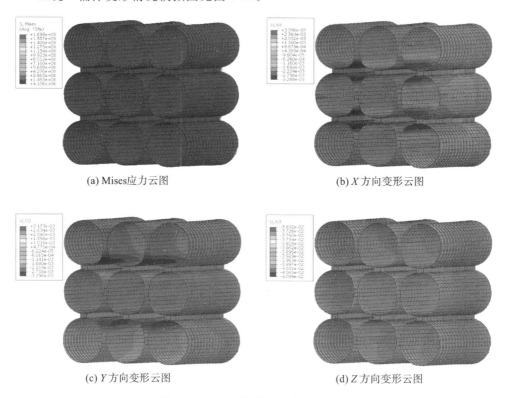

图 6-26 工况 7 桶体变形情况模拟图

从图 6-26 中可以看出,9 个钢桶内侧区域的变形较大,最大的横向变形为 3.298 mm,发生在云图中红色和蓝色的位置,四周的桶变成椭圆,中间桶已经变形为接近方形;原因是桶间连接板的支撑作用使得连接板支撑的位置位移受限,约束方向上的圆弧形桶体变形为直线形桶体。

综合工况 1~7 的变形情况,各工况总体变形情况类似,只是变形数值有所区别,桶体变形前和变形后的模拟图如图 6-27 所示。

中交第三航务工程勘察设计院有限公司提供的桶体变形前和变形后的实测图如图 6-28 所示。

通过数值模拟变形图与实际工程变形情况的对比可见,模拟变形情况与实际变形情况基本一致。经分析,由于桶体下沉导致地基土进入桶内,产生"土塞"效应,致使桶内土体产生较大的向外的胀力。中间桶体(5)由于受设在 A、B、C、D 处的连接

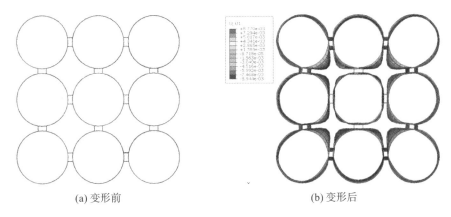

图 6-27　桶体变形前后的模拟图

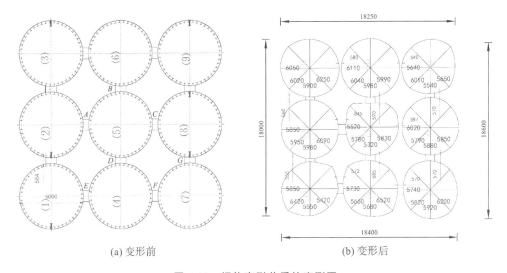

图 6-28　桶体变形前后的实测图

结构的约束,致使约束方向的位移受限,约束方向上的圆弧形桶体变形为直线形桶体,致使中间桶体变形为似正方形桶体。桶体(4)受设在 D、E、F 处的连接结构的约束,致使这三个方向的圆弧形桶体变形为直线形桶体。桶体(7)受设在 G、F 处的连接结构的约束,致使这两个方向的圆弧形桶体变形为直线形桶体。

6.5　主 要 结 论

本章计算所得的 Mises 应力云图显示,在各个工况下,桶盖的应力分布较为均匀,且均未达到屈服应力,安全。而从桶身的计算结果分析中可以看出,桶身大部分区域的应力在 300 MPa 以内,但桶体上部部分区域的应力达到 1700 MPa 左右,这部分桶体已经出现屈服，但整体结构还是处于安全状态。

经分析，由于桶体下沉导致地基土挤入桶内，产生"土塞"效应，致使桶内土体产生较大的向外的胀力。中间桶体由于受桶间四个连接结构的约束，致使约束方向的位移受限，约束方向上的圆弧形桶体变形为直线形桶体，致使中间桶体变形为似正方形桶体。四个边上居中的桶体受三个方向的约束，致使这三个方向的圆弧形桶体变形为直线形桶体。四个角上的桶体受两个方向的约束，致使这两个方向的圆弧形桶体变形为直线形桶体。为减小桶体的变形，建议加密或加强设在桶内壁的环向加强筋。

第 7 章 结论与建议

7.1 桶式基础结构浮游稳定性试验结论与建议

基于在物理模型上桶桶体不同布置位置(居中、偏移 1.5 m、3.0 m、4.5 m)条件下,不同吃水深度时桶式基础结构的静水浮游稳定性试验,以及不同负浮力(3%、5%、8%、10%)条件下,不同沉放深度(上盖板吃水深度为 0.3 m、0.6 m、0.9 m、1.2 m、1.5 m、1.8 m、2.1 m、2.4 m、3.0 m)时桶式基础结构的沉放稳定性试验,测试了各工况状态下,桶式基础结构下桶各舱内的气压值、水位值,以及在一定初始倾角状态下,沉放吊缆的缆绳张力值。得到以下主要结论:

1. 桶式基础结构浮游稳定性试验结论

(1)上桶桶体居中布置时,不同吃水深度条件下,下桶各舱内的气压值和水位值差别不大,随着下桶外侧吃水深度的增大,下桶各舱内的气压值逐渐减小,而水位值逐渐增大。

在下桶外侧吃水深度为 9 m 时,下桶各舱内的气压平均值约 54.44 kPa,水位平均值约为 3.23 m。下桶吃水深度为 11.1 m 时,下桶各舱内的气压平均值约为 50.65 kPa,水位平均值约为 4.73 m。

(2)在上桶桶体居中布置、下桶吃水深度为 9 m、9.6 m、10.2 m 和 11.1 m 四种工况下,给定 6°初始转角,在无约束自由摆动状态下,桶式基础结构能够依靠下桶舱内的密封气体的恢复力恢复到初始平衡状态;当下桶上盖板上水后(即下桶吃水深度为 11.1 m 时),桶式基础结构处于浮游失稳状态。

(3)上桶桶体偏移布置时,不同偏移距离条件下,可以通过调节下桶各舱内的气压值,使桶式基础结构在不同吃水深度时保持浮游稳定状态。随着偏移距离的增大,下桶两侧舱内的气压差值、水位差值均逐渐增大。在上桶桶体不同偏移距离条件下,下桶不同吃水深度时,下桶各舱内的气压值和水位值变化规律与上桶桶体居中布置时的变化规律一致。上桶桶体三种偏移距离条件下,下桶各舱内的气压平均值和平均吃水深度见表 7-1。

表 7-1 三种偏移距离条件下,下桶各舱内的气压平均值和平均吃水深度

上桶桶体偏移距离/m	下桶吃水深度/m	气压平均值/kPa		平均吃水深度/m	
		左侧	右侧	左侧	右侧
1.5	9.0	47.33	57.47	3.95	1.58
	11.1	43.29	56.35	6.17	3.93
3.0	9.0	43.47	61.77	4.25	1.24
	11.1	39.66	56.84	7.24	3.04
4.5	9.0	39.81	62.44	4.96	0.93
	11.1	34.72	58.91	7.83	2.58

(4)在上桶偏移布置,下桶吃水深度为 9 m、9.6 m、10.2 m 和 11.1 m 四种工况下,给定 6°初始转角,在无约束自由摆动状态下,桶式基础结构能够依靠下桶舱内的密封气体的恢复力恢复到初始平衡状态;当下桶上盖板上水后,桶式基础结构处于浮游失稳状态。

2. 桶式基础结构浮游稳定性计算公式

根据气浮体的浮游稳定性理论,推导出了桶式基础结构浮游稳定性判别式,并根据试验结果对计算公式进行了验证。结果表明,判别式计算结果与试验中的数值基本一致。浮游稳定性判别式可以作为工程设计时的参考依据。

由浮游稳定性试验结果可知,上桶桶体在不同布置状态下,当下桶吃水深度达到 11.1 m 时,桶式基础结构浮游稳定性达到临界状态,但此时仍可在自身恢复力下保持浮游稳定性;当下桶上盖板上水后,桶式基础结构将处于浮游失稳状态。

3. 桶式基础结构沉放稳定性试验结论

综合 4 种负浮力(3%、5%、8%、10%)条件下的试验结果可以看出,在同一负浮力条件下,桶式基础结构下桶各舱内的气压值、水位值,以及沉放吊缆张力最大值基本保持不变;随着负浮力的增大,下桶各舱内的气压值逐渐减小,水位值逐渐增大,沉放吊缆张力最大值逐渐增大。

不同负浮力条件下,桶式基础结构下桶各舱内的气压值、吃水深度、沉放吊缆张力最大值见表 7-2。

表 7-2 不同负浮力条件下,桶式基础结构下桶各舱内的气压值、吃水深度和沉放吊缆张力最大值

负浮力条件	最小气压值/kPa	最大气压值/kPa	吃水深度/m	张力最大值/t
3%	52.07	68.16	5.16~5.46	192.4
5%	50.87	66.89	5.60~5.80	231.9
8%	49.86	65.69	6.25~6.50	342.9
10%	49.24	64.61	6.55~6.90	417.5

本书的研究内容为静水状态下的桶式基础结构稳定性试验。在实际工程中,应考虑波高对桶式基础结构浮游稳定性的影响。桶式基础结构的浮游干舷高度要求可参考沉箱浮运时的干舷高度要求。

4. 根据桶式基础结构沉放稳定性试验结果给出的建议

施工单位在制定桶式基础沉放施工方案时,可根据负浮力 5% 条件下的沉放试验结果采用合适的施工方案和施工设备。

由于本书提及的桶式基础结构沉放稳定性试验,未考虑波浪、水流荷载对桶式基础结构的作用,在实际沉放施工过程中,波浪、水流荷载对桶式基础结构的运动响应状态和沉放吊缆的缆绳张力产生了极大的影响,建议下一步开展波流联合作用下桶式基础结构沉放动力响应特性研究。

7.2 钢质桶式基础结构有限元分析结论与建议

钢质桶式基础结构有限元分析结论:

钢质桶体具有较高的承载能力,且结构质量较轻,是桶式基础优先选用的结构形式。

数值模拟显示,线性屈曲分析的临界荷载与理论计算值基本一致。在后屈曲分析中,初始几何缺陷甚至会使一阶模态的临界荷载降至低于钢材的屈服荷载,这是极大的安全隐患,因此对钢桶加筋是很有必要的。

本书简化了两种基本荷载作用情况进行单桶屈曲分析。后屈曲分析在初始缺陷的比例因子取 0.1 时,极限承载力便折减为原来的 40%~60%,加筋桶也是如此,但桶体的初始几何缺陷并不只是一阶模态的缺陷,而是几种模态的组合,因此,桶体的极限承载力会更小。

加筋桶的屈曲分析显示,加筋数并不是越大越好,对于本书研究的单个钢桶,在不考虑周围桶体约束的情况下,纵向加筋数选用 25 就可以满足受力要求,环向加筋间距为 2.0 m 就可以满足受力要求。

组合桶的数值模拟显示,单桶在桶内上体向外胀力及周围桶体间连接结构约束的共同作用下,约束方向上的圆弧形桶体变形为直线形桶体,致使中间桶体变形为似正方形桶体,这一现象与实际工程发生情况吻合。

本书的主要成果:

(1)对国内外薄壁加筋结构稳定性相关领域的研究现状进行了总结,对光圆筒壳、薄壁加筋壳的稳定性计算方法进行了研究,针对钢质桶式基础结构的稳定性,提出了研究思路。

(2)建立了钢质桶式基础结构有限元计算数值模型,对建模时蒙皮、加强筋结构的边界条件等问题进行了处理,并与理论计算结果进行对比,验证了数值模型的有效性。

(3)对单个光桶和加筋桶的屈曲稳定性问题进行了研究分析,包括弹性、塑性以及初始缺陷对承载力的影响,并对组合桶的变形与实际工程发生情况进行对比。

建议:

对于单个桶体而言,加筋数并不是越大越好。对于组合桶体来说,在桶内土体向外胀力及周围桶体间连接结构约束的共同作用下,桶体受力更为复杂,会发生较大变形,为减小桶体的变形,建议加密或加强设在桶内壁的环向加强筋。

参 考 文 献

[1] ANDERSEN K H, JOSTAD H P. Foundation design of skirted foundations and anchors in clay[C]. Houston: Offshore Technology Conference, 1999.

[2] 施晓春, 陈国祥. 桶形基础单桶水平承载力的试验研究[J]. 岩土工程学报, 1999, 21(6): 723-726.

[3] KELLY R B, HOULSBY G T, BYRNE B W. A comparison of field and laroratory tests of caisson foundations in sand and clay[J]. Geotechnique, 2006, 56(9): 617-626.

[4] KELLY R B, HOULSBY G T, BYRNE B W. Transient vertical loading of model suction caissons in a pressure chamber[J]. Geotechnique, 2006, 56(10): 665-675.

[5] 周松望, 王建华. 组合桶形基础水平循环承载力模型试验[J]. 海洋工程, 2014, 32(1): 106-111.

[6] ALLERSMA H G B, KIERSTEIN A A, MAES D. Centrifuge modeling on suction piles under cyclic and long term vertical loading[C]//Proceeding 10th International Offshore and Polar Engineering Conference, Seattle, USA, 2000: 334-341.

[7] ALLERSMA H G B, BRINKGREVER R B J, SIMON T. Centrifuge and numerical modeling of horizontally loaded suction piles[J]. International Journal Offshore and Polar Engineering, 2000, 10(3): 223-235.

[8] WASTON P G, RANDOLPH M F. Vertical capacity of caisson foundations in calcareous sediments[C]//Proceedings of the 7th International Offshore and Polar Engineering Conference, Honolulu, USA, 1997: 784-790.

[9] WATSON P G, RANDOLPH M F, BRANSBY M F. Combined lateral and vertical loading of caisson foundations[C]//Annual Offshore Technology Conference, 2000, 3: 797-808.

[10] CHEN W, RANDOLPH M F. Uplift capacity of suction caissons under sustained and cyclic loading in soft clay[J]. Journal of Geotechnical and Geoenvironmental Engineering, 2007, 133(11): 1352-1363.

[11] 吴梦喜, 王梅, 楼志刚. 吸力式沉箱的水平极限承载力计算[J]. 中国海洋平台, 2001, 16(4): 12-15.

[12] 朱斌,应盼盼,郭俊科,等.海上风电机组吸力式桶形基础承载力分析与设计[J].岩土工程学报,2013,35(S1):443-450.

[13] ALLERSMA H G B,BRINKGREVE R B J,SIMON T,et al. Centrifuge and numerical modelling of horizontally loaded suction piles[C]//Proceedings of the 9th International Offshore and Polar Engineering Conference,1999,1:711-717.

[14] SUKUMARAN B,MCCARRON W O,JEANJEAN P,et al. Efficient finite element techniques for limit analysis of suction caissons under lateral loads[J]. Computers and Geotechnics,1999,24(2):89-107.

[15] 刘振纹,袁中立.负压桶形基础地基竖向承载力研究[J].中国海洋平台,2001,16(2):1-6.

[16] 肖熙,王秀勇.桶型基础结构与土壤相互作用的有限元—无限元—接触元耦合线性分析[J].海洋工程,2001,19(3):25-31.

[17] 施晓春,龚晓南,徐日庆.水平荷载作用下桶形基础性状的数值分析[J].中国公路学报,2002,15(4):49-52.

[18] 张金来,鲁晓兵,王淑云,等.桶形基础极限承载力特性研究[J].岩石力学与工程学报,2005,24(7):1169-1172.

[19] 林小静,张建红,孙ına亮.张力腿平台吸力式基础承载力有限元分析[C]//第十二届中国海岸工程学术研讨会,2005(46):571-575.

[20] 张宇,王梅,楼志刚.竖向荷载作用下桶形基础与土相互作用机理研究[J].土木工程学报,2005,38(2):97-101.

[21] CAO J,AUDIBERT J M E,TJOK K M,et al. Validation of the use of finite element method for suction caisson design[C]//Proceeding International Symposium on Frontiers in Offshore Geotechnics,IS-FOG,2005:333-339.

[22] WANG D,JIN X. Finite element analysis of laterally loaded suction caisson in anisotropic clay[J]. China Ocean Engineering,2006,20(4):665-672.

[23] 李华蛮.水平荷载作用下软土地基上桶形基础承载力分析[J].土工基础,2011,25(2):65-68.

[24] EID H T. Bearing capacity and settlement of skirted shallow foundations on sand[J]. International Journal of Geomechanics,2012,13(5):645-652.

[25] 金书成,张永涛,杨炎华,等.饱和砂土地基中吸力式桶形基础水平承载力研究[J].岩土力学,2013,34(1):221-227.

[26] GRONDIN G Y,CHEN Q,ELWI A E,et al. Stiffened steel plates under compression and bending[J]. Journal of Constructional Steel Research,1998,45(2):125-148.

[27] SHEIKH I A,ELWI A E,GRONDIN G Y. Stiffened steel plates under

combined compression and bending[J]. Journal of Constructional Steel Research,2003,59(7):911-930.

[28] GOLDFELD Y. Buckling and initial post-buckling of generally stiffened conical shells [C]//47th AIAA/ASME/ASCE/AHS/ASC Structures, Structural Dynamics,and Materials Conference,2006:2275.

[29] ITAHIMI G H,ZANDI M,RASOULI S F. Analysis of the effect of stiffener profile on buckling strength in composite isogrid stiffened shell under axial loading[J]. Aerospace Science & Technology,2013,24(1):198-203.

[30] BUSHNELL D. Optimization of an axially compressed ring and stringer stiffened cylindrical shell with a general buckling modal imperfection[C]// 48th AIAA/ASME/ASCE/AHS/ASC Structures,Structural Dynamics,and Materials Conference,2007:2216.

[31] 毛佳,江振宇,陈广南,等.轴压薄壁加筋圆柱壳结构优化设计研究[J].工程力学,2011,28(8):183-192.

[32] 赵振,刘才山,陈滨,等.薄壁加筋肋圆柱壳稳定性分析的参数化研究[J].力学与实践,2004,26(2):17-21.

[33] 晓枫.薄壁结构非线性有限元数值计算及其稳定性分析研究[D].西安:西北工业大学,2006.

[34] 王博,杜凯繁,郝鹏,等.轴压网格加筋壳对模态缺陷的敏感性分析研究[C]//中国力学大会2011暨钱学森诞辰100周年纪念大会,2011.

[35] 李庆亚,谭福颖,乔玲,等.薄壁加筋圆柱壳后屈曲分析方法研究[J].固体火箭技术,2015(4):541-548.

[36] 赵斌,龙连春.筋条数目对圆柱壳结构屈曲承载力的影响分析[J].北京力学会第17届学术年会论文集,2011:450.

[37] 沈立,韩铭宝.圆柱壳受轴向压缩塑性稳定性的实验研究[J].固体力学学报,1981,1:85-91.

[38] 费康,张建伟.ABAQUS在岩土工程中的应用[M].北京:中国水利水电出版社,2010.

[39] 刘世涛,程培峰.基于ABAQUS土体数值分析的本构模型[J].低温建筑技术,2010(2):90-92.

[40] 石亦平,周玉蓉.ABAQUS有限元分析实例详解[M].北京:机械工业出版社,2006.

[41] 王金昌,陈页开.ABAQUS在土木工程中的应用[M].杭州:浙江大学出版社,2006.

[42] 朱以文,蔡元奇,等.ABAQUS与岩土工程分析[M].北京:中国图书出版社,2005.

[43] 霍知亮. 黏土地基中桶形基础模型试验及工作机理研究[D]. 天津:天津大学,2015.

[44] JONES N. Structural Impact [M]. Cambridge:Cambridge University Press,1989.

[45] BOLOTIN V V. Dynamic stability of elastic systems[J]. Journal of Applied Mechanics,1965,32(3):718.

[46] 吴琳. 矩形大开孔薄壁圆柱壳屈曲特性研究[D]. 北京:北京科技大学,2007.

[47] DONNELL L H. A new theory for the buckling of thin cylinders under axial compression and bending [J]. ASME,1934,56(11):795-806.

[48] VON KARMAN T. The buckling of thin cylindrical shells under axial compression [J]. Journal of the Aeronautical Sciences,1941(8):303-312.

[49] KOITER W T. Over de stabiliteit van het elastisch evenwicht[D]. Delft:Technische Universiteit Delft,1945.

[50] TENNYSON R C. The effect of shape imperfection and stiffening on the bucking of circular cylinders[M]//Budiansky B. Bucking of Structures. NewYork:Springer Verlag,1976.

[51] VAZIRIA A, ESTEKANEHIB H E. Buckling of cracked cylindrical thin shells under combined internal pressure and axial compression [J]. Thin-Walled Structures,2006,44(2):141-151.

[52] 国家质量技术监督局. 钢制压力容器:GB 150-1998[S]. 北京:中国标准出版社,1998.

[53] 吴连元,刘刚. 圆柱壳在轴向压力和环向外压作用下的弹塑性屈曲[J]. 上海交通大学学报,1987,21(5):109-115.

[54] 张幼桢,陶宝祺,邓贤民. 圆柱薄壳受轴压和内压联合作用时的稳定问题[J]. 南京航空航天大学学报,1964(1):1-17.

[55] 李武,杭建忠,等. 连云港港徐圩港区直立式结构东防波堤工程初步设计[R]. 上海:中交第三航务工程勘察设计院有限公司,2012.

[56] 李武,杭建忠,等. 连云港港徐圩港区直立式结构东防波堤工程施工图设计[R]. 上海:中交第三航务工程勘察设计院有限公司,2013.

[57] 李武,杭建忠,等. 连云港港徐圩港区西防波堤工程施工图设计[R]. 上海:中交第三航务工程勘察设计院有限公司,2014.

[58] 李武,程泽坤,等. 水下新型桶式基础结构设计与施工关键技术研究报告[R]. 上海:中交第三航务工程勘察设计院有限公司,2015.

[59] 李武,程泽坤. 桶式结构设计方法[J]. 中国港湾建设,2016,36(3):19-25.

[60] 李武,魏冰. 桶式结构气浮稳定计算[J]. 中国港湾建设,2016,36(3):16-18.

[61] 李武,杭建忠. 桶式结构构造处理技术[J]. 中国港湾建设,2016,36(3):59-63.

[62] 李武,陈甦,程泽坤,等.水平荷载作用下桶式基础结构稳定性研究[J].中国港湾建设,2012(5):14-18.
[63] 李武,吴青松,陈甦,等.桶式基础结构稳定性试验研究[J].水利水运工程学报,2012(5):42-47.
[64] 李武,程泽坤.淤泥质海岸桶式结构设计[J].水运工程,2015(1):42-47.